진짜 인생은 60부터다

진짜인생은 60 부터다

초판 1쇄 발행 2022년 01월 21일

지 은 이   최양희
발 행 인   권선복
편   집   오동희
디 자 인   노유경
전 자 책   노유경
발 행 처   도서출판 행복에너지
출판등록   제315-2011-000035호
주   소   (157-010) 서울특별시 강서구 화곡로 232
전   화   010-3267-6277, 02-2698-0404
팩   스   0303-0799-1560
홈페이지   www.happybook.or.kr
이 메 일   ksbdata@daum.net

값 15,000원

ISBN 979-11-5602-955-7 (03190)

Copyright ⓒ 최양희, 2022

Icon made by Freepik from 'www.flaticon.com'

도서출판 행복에너지는 독자 여러분의 아이디어와 원고 투고를 기다립니다. 책으로 만들기를 원하는 콘텐츠가 있으신 분은 이메일이나 홈페이지를 통해 간단한 기획서와 기획 의도, 연락처 등을 보내주십시오. 행복에너지의 문은 언제나 활짝 열려 있습니다.

진짜인생은

부터다

최양희 지음

도서
출판 행복에너지

엄마의 사랑과 희생은 당연한 줄 알았습니다.
엄마는 그래도 되는 줄 알았습니다.

오 남매의 엄마의 삶만 살다 가신 나의 엄마에게
감사의 마음을 담아 이 책을 드립니다.

진짜 인생은 60부터다
이제 시작이다

"인생은 60부터~~"

21년 새해 아침 카톡이다. 친구로부터 새해 인사를 받았다. 그 순간 '아 어느새 60년을 살았구나!' 하는 생각이 번개같이 지나갔다. 먼 훗날의 일로, 나와는 상관없을 것 같았던 그날이 성큼 내 앞에 나타났다.

엄마로 주부로 바쁘게 살았다. 어떻게 사는지도 모르고 그날 그날 떠밀리듯 최선을 다해 살아냈다. 큰아이를 결혼시키고 오른쪽 가슴 한편이 떨어져 나간 것 같았다. 허전함을 부모 할 일

6

하나 마무리했다는 시원함으로 달랬다. 아이를 출가시킨 것과 동시에 나도 엄마의 틀에서 독립하기로 했다.

때맞춰 밥 줘야 할 아이도 없다. 가족과 자녀가 우선이었던 시간에서 나를 찾아오기로 했다. 내 삶이 우선인 삶을 찾을 때다. 시대가 급변하고 있다. 옛날 가지고 있던 상식은 "개나 줘 버려"가 되었다. 나이로 대접받기도 틀린 세상이다. 배우고 행동하지 않으면 뒷방 노인네 처지다.

세상은 날로 편리해지지만 우리는 발전하는 속도에 못 따라가 불편하다. 식당 주문도, 카페에서 차 한 잔을 마시려고 해도, 키오스크로 주눅 들게 해 발길을 돌리게 한다.

내일 당장 이 세상과 이별하지 않을 거라면 새로운 세상을 배우지 않을 수가 없다. 나이 탓으로 회피하기에 우리는 너무 젊다. 옛날 우리가 알던 60대가 아니다.

세상은 우리를 액티브 시니어, 뉴 시니어, 액티브 스마트 실버 세대라고 부른다. 신인류, 신중년이라고 한다. 이렇게 멋진 이름으로 불러 주는 것에 감사해서라도, 배움에 성의를 보여야 하지 않겠나? 나이 탓하며 머물러 있을 수 없다.

이 책은 내 주위의 나같이 평범한 엄마로 열심히 살아온 서드
에이지Third age를 위한 책이다. 함께 소통하고, 공감하고자 한다.
엄마로 사느라 마음 저 밑에 묻어 두었던 그 꿈을 펼쳐 실현하
자고 제안한다.

뭘 해도 딱 좋은 나이 60이다. '이제는 너무 늦은 것 아닌가?'
하는 60대 엄마들에게 같이 한번 시도해 보자고 손을 내민다.
도전해 보자고, 용기 내 보자고, 우린 한강의 기적을 이룬 세대
다. 뭔들 못 하겠는가?

우리 세대는 역사의 산증인이다. 베이비붐 세대다.

우리는 전쟁 후의 빈곤함을 풍요로 바꾼 세대다. 민주화를
이룬 세대이며, 청색전화에서, 스마트폰을 가진 세대로, 한강의
기적을 이룬 세대다. 이루 다 말할 수 없이 많은 변화를 몸으로
겪고, 보았다.

이제는 우리가 이뤄 놓은 이 살기 좋은 세상을 재미나게 누려 보자. 우린 많은 것을 해냈다. 그 기적의 에너지를 이제부터 나를 위해 사용해 보자.

뭘 해도 딱 좋은 나이 60이다. 필자는 이것을 시니어 혁명이라고 부르고 싶다. 이 책에는 눈부신 인생을 사는 시니어 혁명 5법칙을 만들어 소개한다.

그뿐만 아니라 60이라는 나이에, 인생을 눈부시게 살아가는 시니어 혁명을 이룰 수 있고 누구나 도전할 수 있도록 실천 가능한 5단계 방법을 제시한다.

이제 60이다. 늙어갈 것인가, 익어갈 것인가? 뭘 해도 좋은 나이에 멈출 것인가, 도전할 것인가? 평균 수명 100세 시대다. 인생은 이제부터 시작이다. 당신은 충분히 누릴 자격이 있다.

인생의 쓴맛, 단맛, 매운맛을 다 겪은 우리 아닌가? 인생의 산전수전을 다 겪은 60이야말로 눈부신 인생을 시작할 수 있는 준비가 된 것이다. 이제 시작도 하지 않았다. 진짜 인생은 60부터다.

애쓰고 힘쓴 세상 엄마들, 세상 아빠들, 마지막 명함을 '누구의 엄마', '누구의 아빠'가 아닌 당당한 나의 이름으로 장식하고 자신을 위한 날개를 달고 힘껏 날아보자.

그렇다. 인생은 60부터다. 이제 시작이다. 이 책을 통해 시작할 수 있다는 용기와 자극을 받았으면 좋겠다. 행운을 빈다. 인생은 지금부터다. 시작하자.

CONTENTS

⏳

CHAPTER 1. *왜 60부터인가?*

START !

CHAPTER 1

왜
60부터인가?

진짜 인생의
시작은
60부터다

하버드 대학교 교수이자 성인 발달의 한 획을 그은 윌리엄 새들러William Sadier 1950~는 우리나라에서 베스트셀러였던 『서드 에이지, 마흔 이후 30년』에서 40대와 50대 중년을 살고 있는 사람들 200여 명을 인터뷰하고 이후 50명을 12년간 추적 조사하여 이들의 변화를 연구했다.

윌리엄 새들러는 마흔 이후 30년 즉 서드에이지Third age 때의 인생 2차 성장을 주목했다.

중년 이후 2차 성장을 이룬다는 것에 착안하여, 중년 이후를 쇄신의 시기, 절정의 시기로 이름 지었다. 그는 생애 주기를 4단계로 나누어 퍼스트 에이지First age는 청소년기를 포함하는 성장기, 세컨드 에이지Second age는 청년기와 중년기로 생애 황금기이자 발전의 열매를 맺는 시기라고 하였다.

서드 에이지Third age는 40~70대 중·후반까지의 시기로 생애 주기상 가장 중요한 긴 시기이다. 세 번째 인생기인 서드 에이지는 인생에 대한 호기심과 흥미, 열정과 생산을 중심으로 한 생의 개척 시기이고 가능성의 시기로 '제2의 황금기'이다.

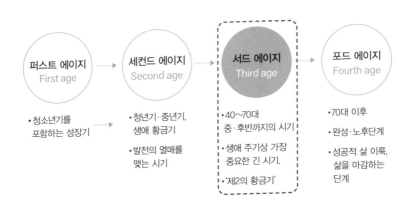

〈윌리엄 새들러의 생애 주기 4단계〉

윌리엄 새들러 박사는 "인생의 주사위는 이미 던져진 것이 아니다. 우리 인생의 한복판에 위치한 마흔 이후의 30년 Third age에 던져야 한다"면서 중년의 삶은 마흔 이후 30년, 서드 에이지에 달려있다고 한다.

　　우리를 위축시키는 것은 세월이 아니라, 삶의 방식이다. 여가 시간을 많이 가질수록 삶에 대한 적응력이 향상된다. 좀 더 다채로운 삶을 스스로에게 허락하라고 한다.

　　우리의 인생이 늘 해피엔딩은 아니다. 그럼에도 긍정적으로 현실을 받아들이고, 자신을 사랑하라. 자신을 사랑하는 자가 타인을 사랑하는 능력도 크다. 건강한 자기 인식으로, 무엇으로부터의 자유, 무엇을 할 자유, 그리고 함께하는 자유를 가질 수 있는 나이다. 나이 들수록 우리는 더 나은 사람이 되어 간다고 말한다.

　　뉴실버, 스마트시니어, 액티브 시니어, 신중년, 신노년을 지칭하는 새로운 용어들이 쏟아져 나오고 있다. 우리는 1960~1970년대를 20대와 30대 청춘과 함께 보내며 서구 문화를 음악과 음식으로 경험한 첫 세대다. 경제의 흐름을 알며 경제적 힘을 가진 소비발전의 주체다.

진짜 인생이 왜 60부터인가? 서드 에이지에 속하는 60대는 인생에 대한 호기심과 흥미, 열정으로 다른 사람의 지도나 관여 없이 스스로 생각하려는 결단과 용기가 가장 충만한 때이기 때문이다.

40~70세의 중년기는 '생애 제2의 황금기'다. 사실이 그렇다. 발전의 열매를 맺는 시기로 가장 중요한 시기이다. 생애 주기상 가장 중요한 긴 시간이다. 스스로 인생을 선택하고, 선택에 책임을 지는 인생의 시기이다. 그렇기 때문에 '진짜 인생 60부터다'라고 말하고 싶다.

인생 후반기는 개척과 도전이 가능한 기회의 시간이다. 쇄신의 시기, 절정의 시기이다. 지금까지의 삶은 마음은 간절하지만 몸이 자유롭지 못했다. 내 꿈이 있다 해도 현실적인 삶이 우선이었다.

이제 역할에서, 의무에서 조금은 자유로워지지 않았는가? 자유의 시간이 왔다. 제2의 황금기, 진짜 인생을 시작해 보자. 우리는 몸과 마음이 건강하다. 이전의 우리가 알던 60대가 아니다.

의무의 삶에서 벗어나 자유로운 나만의 시간을 누릴 수 있는 때가 되었다. 아이들 육아에 매이지 않아도 된다. 인생 60은 생애 '제2의 황금기'이다. '물 들어올 때 노 저어라'란 말이 있지 않나? 진짜 인생 시작은 생애 '제2의 황금기'인 지금부터다.

인생 60은 생애 중 나 자신을 돌아볼 수 있는 가장 중요한 시기이다. 이전의 삶은 가족, 자녀들에게 우선권을 내어 줘야만 하는 시간들이었다. 지금은 자녀들로부터 독립할 수 있는 여건이 되었다.

개인이든 조직이든 새해가 되면 1년의 계획을 세운다. 미래를 전망하고 나아갈 길을 정한다. 인생 후반전의 계획을 세우기 딱 좋은 나이가 아닌가! 나의 삶을 펼치기 딱 좋은 나이가 되었다.

인생에 대한 호기심, 열정, 건강 챙기기에 대한 의욕을 불러오자. 나를 기다리는 기회의 세상으로 박차고 나가보자. 60년을 살아본 저력으로 인생 후반전, "후회 없이 살았노라!" 말할 수 있게 나에게 희망찬 인생을 선물하자.

인생 60은 콜라주다. '콜라주'란 여러 가지 재료를 사용하여 하나의 의미있는 작품을 구성하는 방식의 회화기법이다.

붙이고 떼고 하다 보면 시간과 재료에 작가의 창조적 능력이
더하여져 콜라주 작품이 완성된다. 다양한 종류의 재료를 써
서 아름다운 작품이 탄생되는 것이다.

콜라주 작품 제작 과정은 다양한 우리 삶의 모습과 닮았다.
콜라주는 삶의 특성만큼 다양하고 다채롭다. 우리의 인생과 같
다. 우리는 자기만의 '콜라주' 창작 과정 중에 있다. 심리학자
매슬로우는 '창조성은 모든 인간의 본성에 내재하는 기본적 특
성'이라고 했다.

60년을 살면서 익힌 삶의 지식들을 머릿속에 간직하는 것으
로 끝나는 것이 아니라 삶에서 꽃을 피울 때다. 많이 생각하고
노력한 사고력과 통찰력을 꽃피울 때다.

지금껏 살아온 연륜을 바탕으로 세기의 걸작 콜라주를 창작해
보자. '제2의 황금기'를 맞은 우리의 삶을 붙이고 오리고 덧붙이
고, 자르고, 열정을 입혀 창조적 인생의 콜라주를 제작해 보자.

진짜 인생 60부터인 이유가 이것이다. 자기만의 독특한 창조적 삶의 콜라주가 있기 때문이다. 우리의 인생 콜라주는 계속 진행 중이다. 인생 마지막 순간이 콜라주를 완성하는 시간이다. 우리의 인생 콜라주는 이미 시작되었다. 명품의 인생 콜라주를 완성해 보자.

〈콜라주 사진〉

(Collage of cut out prints pasted on blue paper PI 08 (1585))

SECTION. 2

60은
인생
르네상스다

고대 그리스어에는 시간, 때를 이르는 2가지 단어가 있다. '크로노스'와 '카이로스'다. 크로노스는 시계 속에서 과거와 현재 미래로 이어 흘러가는 객관적이고 정량적인 시간이다. 우리는 크로노스 속에서 늙어 간다.

카이로스는 인간의 목적 의식과 해석이 개입된 주관적이고 정성적 시간으로 적절한 때, 결정적 순간, 기회를 뜻하는 해석의 시간이다. 기회와 행운의 시간이 카이로스의 시간이다.

사람들은 곧잘 이렇게 말한다. "마음은 아직 20대인데~ 마음만은 아직 청춘인데" 몸은 예전 같지 않다고 말한다. 하지만 연구에 의하면 마음의 시간이 젊으면, 실제 몸의 나이도 젊어진다고 한다.

문제는 말로만 그렇게 소망한다는 것이다. 마음이 청춘이면 몸도 청춘처럼 움직여야 한다. 청춘처럼 생각하고, 마음의 나이처럼 행동하면, 기회의 시간 카이로스를 만날 수 있다.

"기회는 준비가 행운을 만날 때 생기는 것이다. 항상 준비하고 있다가, 카이로스가 지나가면 머리채를 움켜잡으라."

카이로스를 묘사한 조각은 앞머리는 풍성하고 뒷머리는 대머리이다. 앞머리가 무성한 이유는 준비되지 않은 자는 알아차리지 못하게 하고, 준비된 자는 기회가 왔음을 알아채 발견했을 때 쉽게 붙잡을 수 있게 하기 위함이다. 뒷머리가 대머리인 이유는 한번 지나가면 잡을 수 없게끔 하기 위함이다.

등과 발에는 날개가 있다. 날개는 최대한 빨리 사라지기 위함이다. 오른손에는 칼, 왼손에는 저울을 들고 있는데 이는 칼같이 결단하고, 정확하게 판단하라는 뜻이다.

기회의 시간 카이로스의 시간을 붙잡자. 내 삶을 준비하는 자만이 기회의 시간을 만날 수 있다.

중년 이후가 가장 지혜롭다고 미국 케임브리지 대학교의 학자 데이비드 베인브리지 David Bainbridge 는 말한다. "중년에야 비로소 신을 닮은 지혜와 이성과 기억력을 갖는다. 중년의 뇌는 인지력의 절정에 도달하며, 누구보다 잘 생각하는 경우가 많다"고 한다.

플린효과 Flynn Effect 란 시간이 지날수록 IQ가 상승한다는 현상이다. 청출어람이다. 그러니까 우리는 윗세대들보다 지혜롭다는 이야기다. 나이 들었다고 미리 포기할 일이 아니다.

그릿지수 Grit 는 자신이 중요하게 여기는 일을 끝까지 해내는 능력이다. 열정적 끈기를 말한다. 그릿지수는 나이 들수록 높아진다는 연구결과가 있다. 데이비드 베인브리지의 말에 의하면 우리는 거의 신의 경지에 달하는 인지력의 절정에 달했다. 얼마나 신나는 일인가!

건설적 실패이론Theory of constructive failure은 실패가 열정에 불을 지피면서 재도전의 불씨가 된다는 이론이다. 실패경험이 항상 무기력만을 학습하게 하는 것이 아니라, 긍정적이고 건설적인 효과를 준다고 한다.

실패의 심각한 타격이 도전의식을 불러 성공에 이르게 한다. 살아오면서 실패 한 번 안 한 인생이 어디 있나. 인생의 쓴맛이 약이 된다는 말이다. 지난날의 부족한 부분이 있다면 실패에 열정을 더하여 건설적 실패이론을 실현시켜 보자. 우리 주위의 인생 후반에 성공한 이들은 나이에 굴하지 않고 실패에 도전한 이들이다.

노화를 의식하면 오히려 노화를 촉진하는 원인이 된다고 한다. 노년이란 쏜살같이 세월만 흘려가 버리는 것이 아니라, 지혜가 밝아지는 시기다. 인생에서 가장 생산적인 나이는 65세~95세까지라고 한다. 인간의 신념과 확신은 사라지는 것이 아니다. 신념과 확신은 늙지 않는다.

우리의 백발은 자산이다. 오랜 경험을 통해 습득한 재능과 능력과 지혜이다. 꿈이 없어지고 삶에 흥미를 상실했을 때, 나이를 먹는다. 마음에 진리를 채우고 사랑의 빛을 발산하자. 이것이 청춘이다.

우리에게 은퇴는 새로운 모험이다. 새로운 기회이다. 생계를 위해 일할 때, 하고 싶었지만 하지 못했던 일을 하자. 진정한 삶 자체를 즐기는 일에 열중하자. 우리는 아직 필요한 사람이다. 나의 삶을 꽃피우기 딱 좋은 나이다.

인생 60은 삶의 꽃이 활짝 피는 인생의 르네상스다. 그러니 눈가 주름 따위는 잊어버리자. 중년 인간의 뇌가 우주에서 가장 강력하고 융통성 있는 생각기계란 사실을 마음껏 즐기자.

희끗거리는 머리카락, 흐려지는 시력, 전과 같지 않은 기억력 때문에 걱정하지 말자. 나이 들어 그렇다는 것은 논리에 맞지 않다. 생각의 끈을 놓지 말고 마음의 나이로 행동하자.

중년의 신체와 정신은 사그라드는 과정이 아니다. 매우 독특한 창조적인 생명체가 되는 과정이다. 신체적 노화로 삶의 무대에서 퇴장당하는 존재가 아니다.

새롭고 특별한 삶의 영역으로 진입하는 것이다. 베인브리지에 따르면, 중년의 삶은 숲을 조망하는 인생의 시기, 새로운 땅의 지도를 만들어 가는 인생의 르네상스라고 한다.

르네상스는 14~16세기에 일어난 문화운동으로 학문이나 예술의 부활, 재생을 의미한다. 문화 예술 분야뿐 아니라 정치, 과학 등 사회 전반적인 영역의 문화형성에 큰 영향을 끼친 문화혁명, 문예부흥기이다.

인생의 희로애락을 겪은 중년의 삶은 인생의 꽃을 피우는 르네상스다. 더 나은 삶에 대한 욕망이 우리 안에 심어지고, 그 꿈을 실현하는 것은 씨앗이 심어져 꽃을 피우는 자연의 이치와 같다. 씨앗 안에는 꽃이라는 욕망이 있고, 그것이 토양과 빛과 물이라는 올바른 조건을 만족했을 때 낱낱의 꽃잎이 외부로 발현된다.

씨앗이 싹을 틔우지 못한다면 이유가 있다. 씨앗에 문제가 없다면 흙이나, 물, 일조량에 문제가 있을 것이다. 인생 60은 르네상스다. 인생의 꽃을 피울 때이다.

인생의 꽃을 피우지 못하게 가로막는 우리의 마음습관은 없는가? 꽃을 피울 수 없는 조건들을 가지고 있지 않나 점검해 보자. 과거에 집착해 안주하는 삶, 일희일비一喜一悲하는 마음태도, 좌절하고 낙심하는 태도, 자신을 스스로 한계에 가두는 말들, 자기 비하 발언들, 해보지 않고 포기하는 행동, 다른 사람에 의존하는 태도 등은 꿈의 씨앗을 발현시키지 못한다.

목표를 뚜렷하게 만들고, 반대나 저항에 흔들리지 않는 확신이 있어야 한다. 미래 목표에 시선을 고정하고 진취적으로 나아갈 때 성공의 꽃을 활짝 피울 것이다. 성공에 대한 확신은 우리 잠재의식에 큰 힘을 발휘하여 인생 르네상스를 꽃피울 것이다.

우리의 삶이 들어있는 형형색색의 인생꽃은 아름다움을 넘어 경이롭다. 꽃이 피는 이유는 열매를 맺기 위함이다. 삶의 열정으로 맺힌 열매는 자녀 세대에 위대한 유산으로 남아 다시 씨앗으로 싹틀 것이다.

또 우리 열정의 꽃은 인생 후반전이라는 품격 있는 열매로 선순환되어 눈부신 인생의 결과란 씨앗을 맺을 것이다.

SECTION. 3

지금
이 순간

'지금 이 순간' 현재의 순간들을 살아가는 것이야말로 삶의 핵심이다. 우리는 현재를 무시하는 문화 속에서 교육받았다. 우리 부모는 초등학교 때 잘하는 공부는 별거 아니라고, 중학교 가서 잘해야 한다고 말한다. 중학교 가서 잘하면, 고등학교 공부가 진짜라고 한다. 고등학교 가면 대학을 잘 가야하고 대학을 잘 가면, 취직을 잘해야 진짜 잘하는 것이라고 말한다.

취직을 하면, 노후 준비를 해야 한다고 말한다. 우리 부모세대가 이렇게 말했고, 우리도 그런 생각을 갖고 있다. 이렇게 미래를 준비하느라 현재는 없다. 현재는 언제나 미래를 위한 것이라는 프레임에 갇혀있다.

현재는 항상 미래를 위한 삶이 된다. 하지만 현재는 현재로서 충분히 즐기고 만끽해야 한다. 행복을 충분히 느끼지 못하는 이유는 현재를 놓치고 있기 때문이다. 영화 〈죽은 시인의 사회〉의 명언이기도 한 '카르페 디엠Carpe diem'의 뜻은 '오늘을 즐겨라'이다.

'현재를 즐겨라. 왜냐하면 우리는 반드시 죽기 때문이다. 믿든 안 믿든 여기 있는 각자 모두가 언젠가는 숨을 멈추고, 차갑게 죽을 거다.'영화 죽은 시인의 사회 중

카르페 디엠은 로마 시인 호라티우스의 송시에서 나온 말이다. "미래에 대해 지나친 기대를 하기보다는 젊은 시절 자신의 삶을 있는 그대로 즐겨라." 이와 뜻을 같이하는 가수 김연자 님의 아모르 파티Amor Fati도 있다. 아모르 파티는 "네 운명을 사랑하라 행복한 일, 즐거운 일뿐 아니라 인생의 힘든 일까지 나의 모든 운명을 즐겁게 헤쳐 나가자"라고 노래한다.

Amor Fati는 철학자 니체의 저서 『즐거운 학문』의 구절이다.

"필연적인 것은 단지 참고 견디는 것이 아니라, 더구나 그것을 감싸주는 것이 아니라, 사랑하는 것이다."프리드리히 니체 아모르 파티는 불합리한 운명에 순응하라는 것이 아니다.

오히려 고난과 역경을 즐기고 사랑하자는 뜻이 담긴 철학용어이다. 인생 후반전을 사는, 진짜 인생을 살고자 하는 도전자들이여, 김연자 님의 아모르파티 흥겨움에 몸을 실어보자.

나이는 숫자, 마음이 진짜 가슴이 뛰는 대로 가면 돼, 이제는 더 이상 슬픔이여 안녕 왔다 갈 한 번의 인생아~

우리의 삶에는 기쁨뿐 아니라 고난도 당연히 포함된다. 이를 내 삶이라고 받아들이는 태도는 지금 이 순간을 사랑하는 것이다. 미래를 대비하라, 뒷일을 생각하라, 내일을 생각해라, 은퇴 뒤의 삶을 생각하라, 현재를 회피하는 시대 문화는 변화되어야 한다고 생각한다.

뒷날을 생각해 오늘은 언제나 내일을 위해 양보되었다. 내일을 생각하느라, 우리는 자신을 위한 투자에는 인색했다. 자신을 위한 소비는 사치, 낭비, 소모적, 쾌락적이라는 부정적 편견을 갖게 되었다.

베이비붐 세대의 가치관이 형성되었던 그 시대는 가난에서 벗어나고자 했던 산업 발전의 시대다. 모든 것이 부족하고 힘든 시대 상황이었다.

아끼고 절약하고 '티끌 모아 태산'이라는 표어 아래 저축만이 살길이었다. 미래에 초점을 모두 맞춘 근검절약이 최고라는 가치 교육을 몸으로 익혔다.

미래를 위해 인내하는 삶이 당연하고 바람직한 삶으로 인정되었다. 현재를 희생하는 삶이었다. 그때는 그랬어야 되는 시절이었다.

우리의 몸은 내가 살아온 근검절약을 기억한다. 나를 위한 바람직한 투자에도 머뭇거린다. 어지간히 아파도 병원비 아까워 병을 키우기도 한다.

이런 현상을 '현재 기피증'이라 한다. 미래가 다가와 현재가 될 때 우리는 그 현재를 또 미래를 위한 준비로 삼아야 한다. 미래를 위해 오늘을 희생하는 '현재 기피증'은 현재의 즐거움뿐 아니라 영원히 행복을 피해 다니는 것이다.

이제 나의 즐거움을 위해 배려해 주자. 나를 사랑해 주자. 나를 위한 일을 미루지 말자. 이 순간은 다시 오지 않는 시간이다. 내가 하고 싶은 일을 마음에만 품고 있지 말자. 오늘 '이 순간'이 내 삶에서 제일 젊고 아름다운 날이다. 나를 위해 행동하자.

현재 기피증은 행복해지는 것을 내일로 미루어 영영 행복을 잡지 못하는 병이다. 현재의 매 순간에 자신을 내맡길 때 가장 가치있는 인생이 된다는 것을 명심하자.

이미 끝난 과거나, 아직 오지 않은 미래에 대해서는 아예 신경을 끄자. '바로 이 순간'을 꽉 붙잡자. 바로 이 순간이 모여 진짜 내 인생이 시작되는 것이다.

'현재 기피증'은 미래의 이상화로, 미래의 기적 같은 순간에 인생이 역전될 것이며, 모든 일이 제자리를 잡고 행복을 발견하게 될 거라고 믿는 것이다. 감나무 밑에서 입 벌리고 누워 감 떨어지기를 기다리는 모양새다.

우리에게는 그럴 시간이 없다. 무기력하고 무미건조하게, 어제와 같은 오늘을 살지 말자. 오직 이 순간 내일이 오지 않을 것처럼, 오늘 풍성하게 만족한 삶을 살아야 한다. 멈춰 있는 삶이 아닌 역동적이며, 똑같은 삶의 반복이 아닌 변화되는 삶을 살아야 한다.

변화가 없는 멈춰 있는 삶은 죽은 삶이다. 살아 있는 꽃과 죽은 꽃을 어떻게 구별하나? 계속 성장하고 있는 것이 살아있는 것이다. 생명의 유일한 증거는 성장이다. 이는 우리 정신세계에도 적용된다.

성장하고 있는 사람은 살아 있는 사람이다. 성장하고 있지 않다면 죽은 사람이다. 고여있는 것은 썩는다. 항상 성장하고 발전하여 순간순간 진짜 인생을 살자. 진짜 인생은 60부터다.

이 순간 행복을 간절히 원한다면, 내가 내 정신의 주인이라고 주장하자. 나의 감정을 스스로 통제할 수 있다고, 끊임없이 마음속에 되새기자. 나는 행복을 선택할 수 있고, 온전히 나의 것인 현재의 이 순간을 즐길 수 있다고 말하자.

현재의 행복을 미래에 양보하지 말자. 내가 기준이 되기로 결심하면 이 순간은 나의 것이다. 진짜 인생 이제 시작이다. 언제나 활력 넘치는 즐거운 삶을 살아가자. 자신의 내면에 귀 기울이자. 자신만의 길을 발견하고, 그 길을 용감하게 걸어가자.

SECTION. 4

난
소중하니까

난 소중하니까! 난 사랑받기 합당한 사람이다. 어렸을 적에는 자신을 사랑하는 일이 자연스러운 것이었다. 하지만 성장하면서, 다른 사람을 우선시하고 배려하는 법을 배웠다.

우리는 좋은 사람이 되고자 자신을 꾹꾹 누르는 법을 교육받았다. 나서지 마라, 제 분수를 알아야 한다, 송충이는 솔잎을 먹어야 한다, 이런 말을 듣고 자란 세대다.

나를 존중하고 사랑하는 법은 안중에 없었다. 오직 다른 사람이 나를 어떻게 생각하겠는가에 기준을 두었다. 다른 사람이 중요하고 자신은 중요하지 않다는 잠재의식을 키웠다.

내면에 자리 잡은 잠재의식은 자신의 판단은 그리 신뢰할 만하지 않다는 생각을 심어놓았다. 스스로를 중요하고 소중하며 아름답다고 느끼는 '자기사랑'을 마음에 품어보지 못했다.

어떨 때는 내가 싫어진다. 결단력 없고, 할 일을 미루고, 게으르고, 나약한 나에게 실망한다. 평생 가장 긴 시간 같이 가야 할 '나'를 어떻게 돌보아야 할까?

앞으로 만날 인생 여정에 기쁘고 즐거운 '나'만 만나겠는가? 세월의 흐름은 원하지 않는 크고 작은 이별로 슬픔의 늪에 빠진 '나'도 만날 것이다. 어떠한 이별도 마음을 흔들지 않는 경우는 없다. 깊은 슬픔과 상실감으로 못 빠져나오는 '나', 또는 자신의 부주의함에 가슴을 쥐어짜는 '나', 다른 사람과 비교하면 못난 나로 좌절하며 우울해하는 '나', 하지만 이런 자신을 평가하거나 비난하지 말고 그대로 바라보라고 전문가는 조언한다.

감정은 나의 마음이 나에게 보낸 메시지여서 좋고 나쁨이 없다. 그럴 때 나에게 한 발짝 물러서 객관적인 관점에서 '나에게 그것이 참 소중했구나, 그래서 내가 그것을 지키려 무던히 애를 썼구나' 내가 참 많이 '슬퍼하는구나' 하고 떠오르는 모든 생각들을 그때그때 흘려보내라고 한다.

혹 내가 말이나 행동으로 실수하여 사람들이 나를 이상하게 생각하지 않을지 고민할 때도 있다. 그런 고민은 사회적 존재로 살아가기 위한 바람직한 고민이다.

하지만 사람들은 타인에 그다지 큰 관심을 갖지 않는다. 나에 대해 나만큼 신경 쓰는 사람은 없다. 강박적으로 완벽에 집중하면 자신에게 실망할 일이 많아진다. 가장 중요한 것은 내가 행복하고 건강한 삶을 사는 것이다.

내가 나와 함께하는 삶의 시간이 편안하고 즐거워야 한다. 기쁠 때도 힘들 때도 변함없이 나를 축복하고 지지하는 유일한 사람은 '나'이다.

나에게 이런 말을 건네보자. 너를 가장 지지하겠다고, 너를 가장 사랑하겠다고, 너는 언제나 옳았다고, 너는 대단하다고,

잘해 왔다고, 앞으로도 언제나 그렇게 응원하겠다고. 왜? 나는 가장 소중한 '나'이니까.

이제 나를 사랑할 때이다. 왜? 난 소중하니까. 그동안 내가 얼마나 소중하고 멋진 존재인지를 감추고 살았다. 이제 일어나 빛을 발하자. 나만의 찬란한 존재감을 나타내자. 자신을 사랑 하면 다른 사람도 사랑할 줄 알게 된다. 다른 사람을 위해서도 베풀고 배려하는 넉넉한 마음을 갖게 된다.

나의 가치는 나 자신이 결정하는 것이다. 다른 사람의 동의는 필요 없다. 나의 행동이 마땅찮게 느낄 때도 있겠지만, 그것은 나의 가치와 무관하다.

나는 언제나 내 자신에게 소중한 사람이다. 내가 어디가 부 족한지 다른 사람이 이러쿵 저러쿵 지시하지 못하게 하자. 자신 에게 소중하고 매력적이라고 선언하자.

내가 좋아하는 것은 내가 결정하자, 부족하다 생각했던 내 모 습은 흐르는 물에 보내 버리자. 자기 사랑은 자신을 소중한 사 람으로 받아들이는 것이다. 자신에 대한 불만이 없다는 것이다.

소중한 나를 온전히 받아들이자.

자기 사랑은 자신이 얼마나 훌륭한가를 떠벌리는 행동이 아니다. 그런 행동은 허세를 부리며 다른 사람의 관심과 인정을 받기 위한 것이다.

자기 사랑은 다른 사람의 사랑을 필요하지 않는다. 눈치를 볼 필요도 없다. 자기 인정만으로 충분하다. 다른 사람 눈을 의식하지 말자.

자신보다 다른 사람을 중요하게 생각하면 의존적인 삶의 태도를 갖게 된다. 의존적인 태도는 자신을 깎아 내리고, 무기력한 삶의 구조를 만든다.

삶이 살아 있다는 증거는 성장이다. 인생 60은 자신을 사랑하는 사람으로 성장할 때이다. 자신을 사랑하는 사람이 성장하는 일을 모른 척하는 것은 '죽은 삶'을 살겠다고 작정하는 것이다.

자기 사랑을 실행해 보자. 자기 회피, 자기 비하를 하지 말자. 자기 사랑의 작은 발걸음이다. 내 입으로 나를 깎아내리는, 비하 발언, 자기혐오로 자신을 배신하지 말자.

칭찬을 기쁘게 받아들이자. 나는 충분히 칭찬받을 가치가 있다고 인정하자. 특별한 날에는 나에게 한 턱 쏘자. 즐길만한 다양한 활동에 적극적으로 참가하자.

나만의 가치를 인정하는 질문을 해보자. 불평 없이 나 자신을 받아들일 수 있는가? 늘 나 자신을 인정할 수 있는가?

앞으로 우리가 생각하는 그 이상으로 우리는 오래 살게 될 것이다. 그러니 꿈을 꾸고 실현할 시간이 많아졌다는 것이다. 젊어서야 바쁘고 먹고사느라 자식들 키우느라 뒤편으로 보내었던 그 꿈, 이제 묻혀있던 꿈을 꺼내어 보자. 시간도 많아졌고 자식도 다 컸다.

먹고사는 거야 앞으로도 크게 달라지지 않을 터이니 심장이 뛰는 그 꿈을 펼쳐보자. 꿈을 못 이루면 어쩌냐고? 실패도 해 봤고 때로는 좌절도 해 봤다. 60년 살면서 우리에게 알게 모르게 기회도 많았다. 위기도 많았다. 잘 견뎌 이까지 왔다. 이제 와서 두려울 것 뭐냐? 한번 해보자.

청춘의 기억과 함께 묻어 두었던 꿈을 꺼내어 펼쳐 볼 때다.

꿈은 인생의 가장 중요한 원동력이다. 알아야 꿈도 꿀 수 있다. '꿈도 실력이다'. 내 꿈이 무엇인지 별 생각이 없었는가? 타임캡슐에 넣어 두었던 꿈을 꺼내자. 과거의 희미한 흔적 같은 꿈을 되살리자.

세상의 변화는 자신의 삶에 주인공이 되라고 이야기한다. 펄떡이며 뛰고 있는 꿈을 기억하자. 심장의 기억 창고 깊숙이 들어있는 꿈을 꺼내 생명을 불어넣자.

나는 누구인가? 나는 나 자신을 어떤 말로 표현할 수 있는가? 나는 어떤 존재인가? 내가 이 세상에 온 이유는 무엇인가? 나의 꿈은 무엇인가? 나의 꿈을 다시 찾는다면 내가 누구인지 그 답도 찾게 될 것이다. 내 꿈을 찾는 자기 사랑 열병을 앓아 보자.

나는 사랑받기 위해 태어났다. 내 꿈도 사랑받아야 된다. 내 꿈을 키우고 돌봐주자. 이제는 내 꿈이 이런 저런 이유 때문에 못한다 할 때가 아니다. 난 천하를 줘도 바꿀 수 없는 귀하고 소중한 존재다. 아이들 교육에 쏟던 그 열정으로 내 꿈에 투자하자. 내 꿈에 날개를 달아주자. 난 소중하니까!

∞

SECTION. 5

한 번뿐인
내 인생

인생은 한 번뿐이다! 인생은 리허설이 없다. 단 한 번뿐이다.

　내 의지대로, 내 마음대로 선택해도 괜찮을까? 당연하지! 내 인생인데. 우리는 정답을 알고 있다. 하지만 현실은 잡다한 것에 얽매여 목표 없이 떠돈다. 이러다가 다른 사람들이 인생 수칙이라고 일러주는 대로 평생 살아가야 할지도 모른다.

　우리는 끝을 알 수 없는 한계의 시간을 부여받았다. 각자에게 부여된 이 시간을 즐겁게 의미 있게 살아야 하지 않겠나? 누가 뭐래도 내 삶이다. 내가 원하는 대로 살자. 인생 한 번뿐이다.

한 번뿐인 내 인생 지금 행복하다. 소중하다고 생각하고, 살아가고 있다면 그보다 더 좋을 수는 없다. 본인을 삶의 중심에 세우는 데에는 용기가 필요하다. "이 순간 행복한가?"라는 새로운 의식 혁명이 필요하다.

생각은 나 자신의 것으로 오로지 나만이 유지하고 통제할 수 있다. 주위의 상황이, 나를 불행하게 만든다고 믿고 있지만 그렇지 않다. 내가 불행하다면 그 이유는 주위 사람이나 사물에 대해 내가 가지고 있는 생각 때문이다. 생각을 바꾸는 의식 혁명이 필요하다.

내 감정에 대한 책임은 바로 나에게 있다. 생각하는 대로 느끼자. 마음만 먹으면 다른 식으로 생각하는 법을 배울 수도 있다. 내가 중심이 되는 생각의 전환이 필요하다.

내가 결심만 한다면. 우리에게 통념으로 덧씌워진 '책임과 의무'를 걷어 낼 수 있다. 이제 그만 60년 책임과 의무의 삶에서 벗어나자. 우리에게 존재하는 통념의 한 예로 오랜 세월 동안 유전되어 온, 역사에 바탕을 둔 우리나라의 남존사상, 남아선호 사상이 있다.

특히 베이비부머 세대와 그 이전 세대의 남자들에겐 뿌리깊이 인식된 권위적인 남녀차별 의식이 있다. 그들은 그렇게 배우고 자랐기 때문에 스스로 변하려고 해도 시간이 걸리고 어렵다.

남편이 여자의 꿈을 이해하지 못하고 지원은커녕 방해꾼 노릇을 한다. 이것은 개인의 잘못이 아니라 그렇게 교육받고 자란 탓이다. 그들은 며느리로서 시댁일에 무조건 적극적으로 참여하는 것을 당연시한다. 그러지 않으면 미풍양속을 해친다고 생각한다.

남편들의 그런 생각은 개인의 생각이 아니다. 그렇게 생각하도록 배우고 보고 자랐기 때문이다. 요즘시대에서 보면 그렇게 교육받은 남자들은 시대의 희생자라고 할 수있다.

우리 세대에서 엄마라는 역할은 엄마인 나를 제외한 다른 가족의 생활을 위해 존재했다. 며느리의 역할은 의무의 삶이었다. 희생되어야 했다. 시댁 제사 때는 어떠한 사정이 있어도 반드시 참석해야 했다.

며느리로, 아내로, 엄마로의 역할로 인해 '나'의 꿈과 계획은 우선순위에서 밀려나는 삶을 살았다. 엄마가 아내가 며느리가 다 해주면 좋겠지만 끝없는 편의 제공은 이제 그만하자. 엄마 자신의 세계를 희생함으로써 편의가 제공된다는 것을 뼈저리게 느끼는 가족은 없다.

가족에게 필요한 서비스가 충족되지 않으면 우리나라의 정서상 좋은 엄마가 아니라는 판단을 하고는 한다. 아내와 엄마와 며느리의 역할을 다 감당한 뒤 너의 일을 하려면 해라는 식은 더 이상 안 된다. 가족의 행복이 한 사람의 희생으로 가능해서는 안 된다.

이제 가족들의 이기적인 욕심에서 벗어나자. 자신을 지지해주자. 그래야 나의 세계를, 나의 한 번뿐인 인생을 만들어 갈 수 있다. 나만의 세계에서 스스로 당당해질 때 함께하는 가족도 꿈을 이룬 내 안에서 진정한 행복을 누릴 수 있다. 가족의 요구를 다 들어주는 것이 가족을 사랑하는 것이 아니다.

이제 나에게도 꿈이 있고 내가 하는 일도 누구 못지않게 중요하다는 사실을 가족에게 알리자. 나를 위해 쓸 수 있는 나만의 절대적 시간을 갖자. 누구에게도 양보당하지 않는 나만을 위한 시간이다.

한 번뿐인 인생 맘껏 행복하자. 행복하지 않은 일까지 하기에 시간은 부족하다. 행복한 일이 나를 찾아올 것이라고, 두 손 놓고 기다려서는 안 된다. 행복은 인간 본연의 모습이다.

이제는 행복을 선택하자. 행복을 선택으로 이루는 것이 불가능하다고 생각하는가? 다시 한번 생각해 보자. 행복을 선택할 수 없다는 생각은 틀렸다. 그렇다. 행복선택이 불가능하다는 생각은 자신을 내팽개치는 일이다. 다른 사람에게 내 인생을 내어 주는 일이다. 한 번뿐인 인생 무엇을 선택할 것인가?

행복을 선택할지, 불행을 선택할지는 인간의 능력이다. 행복은 내 마음에 달려있다. 불행보다 행복을 선택하기가 쉽다. 인간은 일상의 갖가지 상황에서 파괴적이고 부정적인 선택보다는 자기 성취적인 행동을 택한다. 이것이 인간의 자연스러운 모습이기 때문이다.

운명을 개선시키고 자신을 행복하게 할 수 있는 사람은 자신뿐이다. 내가 원하는 대로 행동하는 것도 바로 자신에게 달려있다.

내 인생의 교향곡을 누가 지휘할 것인가? 남의 손에 지휘봉을 넘길 것인가? 한 번뿐인 인생, 내 운명의 주인으로 지휘봉을 휘둘러 보자.

인생에 연습이 없는 것처럼, 태어날 때도 대책을 가지고 태어나지 않았다. 삶에는 대책이 없다. 대책이 있다고 대책대로 살아지는 것도 아니다. 완벽하게 준비된 인생은 없다. 우리 인생 후반 대책은 60년 열심히 살아온 나를 믿고, 나를 중심에 세우는 것이다.

평균 수명이 길어지면서 부모가 자녀의 환갑을 지켜볼 수 있게 되었다. 실제로 부모가 오래 산다는 것이 자식에게 도움이 될 수도 있고 짐이 될 수도 있다. 끝까지 자식에게 도움이 되는 사람으로 남기 위해서는 지금부터 준비해야 한다.

짧은 여행을 떠나도 우리는 준비할 것이 많다. 인생이란 여행은 장거리 여행이다. 그냥 되는 대로 살아갈 여행이 아니다. 경영마인드를 가지고 한 번뿐인 내 인생 여행을 시작하자. 경영마인드를 가지려면 비전이 있어야 하고, 동기가 있어야 되고 또 변화하는 세상의 흐름에 대처하는 능력도 있어야 한다.

자신의 비전을 명확하게 알고 있는 사람들이 사회적으로 성공한다. 빠르게 변화하는 세상에 한 번뿐인 내 인생의 CEO가 되자. 회사를 경영해 나가듯이 나 자신의 발전을 위해 비전도 세우고 내 꿈에 동기부여도 하자. 세상의 변화를 따라잡을 수 있는 능력을 키워 나가자.

젊었을 때는 인생의 방법을 아는 노하우know-how를 생각해야 했다. 나이 들어서는 내가 누구인지 노후know-who를 생각해야 한다. 나는 누구인가? 세상에서 가장 귀한 존재 아닌가! 한 번뿐인 인생 know-who로 신명나게 살아보자. 인생은 리허설이 없다. 이미 화살은 시위를 벗어났다. 창공을 향해 힘차게 나아갈 뿐이다.

START !

CHAPTER 2

진짜 인생은
60부터다.

∞

뭣이
중헌디?

"가장 흔한 절망의 형태는 자신의

· 본모습으로 존재하지 못하는 것이다."

위대한 철학자 키에르케고르의 말이다. 그렇다. 당신은 자신의 본모습으로 존재하며 살고 있는가?

인생의 환희와 열정과 활기로 가득 찬 오페라 〈팔스타프〉의 포스터를 보자. 감동과 에너지로 꽉 차 있는 오페라다. 이것이 바로 우리의 본모습이다. 나의 모습이고 바로 당신의 모습이다. 그런데 우리는 본모습을 잊고 살아왔다. 이런 기가 막힌 오페라를 창작한 사람은 누구일까? 놀랍게도 80세 노장이다. 바로 베르디다.

〈오페라 '팔스타프'의 포스터〉

인생 후반전 당신의 열정은 안녕하신가? 인생 60이 되었다고 자신의 본모습도 내려놓았는가? 우리는 베르디처럼 하루하루 열정과 활기로 가득 찬 삶을 누려야 한다.

왜냐하면 그것이 우리의 본모습이기 때문이다. 베르디도 인생은 비극의 오텔로처럼 살 게 아니라 팔스타프처럼 사는 편이 낫다는 진리를 여든에 작품으로 말한다. 키에르케고르의 말처럼 가장 흔한 절망의 형태는 본모습으로 존재하지 못하는 것이다. 당신은 본모습으로 존재하고 있는가?

세상은 그대로인데 나만 도태되는 느낌인가? 때로는 내가 아닌 모습으로 살아가는 것 같은가? 다 이루었는데 뭔가 비어있는 것 같은가? 마음이 늘 허전하고, 공허하다면 무엇이 문제일까?

당신의 진짜 모습을 찾아야 한다. 무기력한 당신은 진짜 본모습이 아니다. 열정과 활기에 찬 당신이 진짜다. 진짜 자신을 찾고 그렇게 살아가야 한다.

인생에서 무엇이 중할까? 어떻게 살아야 할까? 무엇을 찾아야 할까? '젊은 세대에게 길을 내줘야 하지'라고 하면서, 내려놓기 연습도 한다.

그렇다고 벌써 우리가 인생 무대를 내려와야 할 때인가? 아니다. 지금부터 진정한 나의 삶을 시작할 때이다.

지금까지 청춘을 다 바쳐 자식 키우고, 사회에 헌신했고, 할 수 있는 많은 것들을 위해 애썼다. 그곳에 정작 나는 빠져 있다면, 나는 존재하지 않는다면, 다 이루었는데 내가 없다면 무슨 의미가 있겠나?

60대야말로 자기 혁명이 필요한 시기이다. 60대야말로 진짜 인생을 살아야 할 때이다. 진짜 인생은 60부터다. 이제는 내가 우선이어야 한다. 열심히 달려온 인생 전반전, 숨 한번 크게 쉬고 뒤돌아보자.

나를 중하게 여기자. 내가 우선이 되는 삶이 이기주의는 아니다. 나를 혁신하는 것은 가치 있고 의미 있는 일이다. 내가 나를 지키지 않으면 누구도 지켜주지 않는다. 배우자도 자식도 나만큼 나를 사랑하지 않는다.

이제는 내가 나를 혁신할 때이다. 이제는 내 인생을 소중히 살펴야 할 때다. 축구에서 후반전이 더 중요하듯, 인생도 후반이 중요하다. 60부터가 제대로 된 후반전이다. 전반전은 수비에 집중했다면, 후반전은 공격에 집중하며 살아보자.

인생 전반전은 가족을 위해 헌신했다면, 후반전은 나를 위해 살아야 한다. 이제부터는 나를 위한 삶이 성공한 인생이고, 행복한 삶이다.

내가 행복해야 남도 행복하게 해 줄 수 있다. 희생하면서 남을 행복하게 해 준다는 배려심은 이제 멈춰야 한다. 그것은 더 이상 내 일이 아니다. 진짜 내가 되는 것이 중요하다.

인생의 진짜 가치는 '얼마나 명예롭게 살았나'도 아니고, '얼마나 큰 성공을 하였나'도 아닐 것이다. 삶의 진짜 의미는 본연의 모습으로 존재하는 것이다. 60부터 비로소 그것이 가능한 환경이 되었다.

천하를 얻고 나를 잃으면 무슨 의미가 있나?

더 늦기 전에 내 삶을 찾자. 새로운 세상, 경험해 보지 않은 것에 도전해 보자. 미래의 삶을 창조하자. 재미나게 열정적으로 살자. 시간이 되면 해보리라 생각했던 일을 해보자. 평소 관심 가졌던 것들을 시작하자.

아직 새로운 것들을 받아들일 준비가 안 되었는가? 청춘을 잃어버렸다고, 주눅 들었는가? 이제 나를 찾아가자. 그것이 가장 중한 것이다.

"뭣이 중헌디?"

이 우주에서 가장 중한 것은 당신 자신이다. 이제 자신의 본모습으로 존재하자. 내 모습을 찾는 것보다 중한 것이 있겠는가? 우주에서 당신 자신을 발견하고 만날 수 있게 해 주는 유일한 존재는 바로 당신이다. 명심하자. 진짜 인생은 60부터다. 진짜 당신은 60부터 존재하는 것이다. 당신은 뭣이 중헌가?

∞

SECTION. 2

희로애락을
아는
신인류

이름이란 사람으로 살아가면서 내가 누구인지를 보여주는, 또는 다른 사람에게 불리는 명칭이다. 최근 들어 60~75세에 새로운 개명바람이 분다. '신인류'가 새 이름이다. 평균수명 120세 시대에 60대는 이제 노인이 아니다.

과거에는 중년 이후 세대를 모두 '노인'이라고 불렀다. 이제 노인이라는 말을 6075세대 스스로 거부한다. '마음만은 언제나 청춘'이다. 이 세대는 과거를 회상하는 소극적 태도로만 세월을 보내지 않는다.

우리의 몸과 마음은 객관적으로 보아도 그전의 우리가 알던 60대 노인이 아니다. 노인이기를 거부하는 신인류는 어떤 사람들인가? 우리세대의 새로운 이름 '신인류'의 정체성을 알아보자.

신인류는 6075세대다. 60~75세 사이에 있는 사람들은 누구이기에 '신인류'라는 이름으로 스스로를 재정의하는가? 이들은 일제강점기를 막 마치고 태어난 이들부터 전쟁 이후 태어난 '베이비붐 세대'들을 포함한다.

신인류는 첫 공교육을 대대적으로 받았다. 급속한 산업발전을 일구고 경험한 사람들이다. 지독한 가난도 알고, 배고픔도 경험했다. 집안에 아들 하나 잘 키우자고 여자형제들은 희생이 당연시되기도 했다. 큰딸은 살림 밑천이라고 동생들 뒷바라지로 희생이 요구되었다. 큰누이 하고 떠올리면 울컥하는 60대 남동생들이 많을 것이다. 특히 성공한 남동생들은 큰누이의 은혜 잊지 않길 바란다.

고층빌딩을 본 첫 세대다. 엘리베이터를 타본 첫 세대이다. 집에서 전화를 받은 첫 세대, 청색전화, 백색전화에서 유선전화, 무선전화를 거쳐 지금의 스마트폰까지 아날로그와 디지털 모두를 경험한 세대이다. 유년시절 공상과학 소설에서 보았던 화상 통화, 가만히 서 있어도 걸어가는 길, 청소해 주는 로봇, 숙제 해 주는 로봇, 빨래해 주는 로봇, 이러한 모든 것들이 현실에는 불가능한, 상상 속에만 가능하다고 생각했던 세대다. 어린 시절 상상으로 가능했던 세상을 지금 실생활에서 다 사용하는 세대 다. 그 이상을 경험하고 있는 세대다.

문명의 처음과 발전과정을 같이한 세대다. 민주주의를 경험 한 첫 세대, 미니 스커트 청바지를 입은 첫 세대, 통기타를 들고 들로 산으로 간 첫 세대, 마이카 첫 세대, 주판과 전자 계산기를 거쳐 컴퓨터까지 사용해 본 유일한 세대, 달에 우주선이 착륙하 는 것을 본 첫 세대이다.

환갑잔치가 무의미한 세대, 60이 되어도 일해야 되는 세대, 호모 헌드레드 100세를 넘어 평균수명 120세를 맞는 첫 세대 다. 안락한 노후를 포기해야 되는 첫 세대가 될지도 모른다. 자 본주의로 경제신분을 갖게 된 첫 세대다.

배고픔을 알고 풍요를 일궈낸 인류 역사상 보기 드문 신인류 다. 우리의 전례 없던 경험들은 역사 이래 처음이다. 우리는 이렇게 중요한 시대를 몸으로 살아내어 유네스코에 등재될 만한 가치를 지닌 '신인류'다.

우리는 스스로 문화를 만들어 가는 창조자들이다. 문화 주도자들이다. 인생 전반전을 살아낸 우여곡절들이 웃음뿐이던가? 눈물바람으로 가슴 쓸어내린 적은 또 몇 번이던가! 믿었던 사람에 대한 씁쓸한 기억들, 생각해 보고 싶지도 않은 기억들, 부끄럽고 못난 행동들, 처음 당하는 커다란 슬픔들, 땅끝 같은 암울함으로 힘들었던 나날들도 있었다.

인생 전반전 60 인생에 웃고 화나고 마음 아팠던 날들, 즐거웠던 일들이 만사지복이 되었다. 희로애락이 쌓여 오늘의 내가 만들어졌다. 그 시절 힘들었던 희로애락의 날들이 내 삶의 경험치다. 60년 희로애락이 세상 하나뿐인 자신만의 브랜딩이 되었다. 누적되고 잘 숙성된 경험치가, 인생 노하우가 되었다. 60~75세대는 인생 좀 아는 희로애락을 겪어 본 '신인류'다.

우리는 60여 년을 희로애락으로 살아냈다. 한국전쟁 당시 유엔군 총사령관 맥아더는 기적이 일어나지 않는 한 폐허가 된 이 나라가 재건되는 데 100년은 걸릴 것이라고 절망했지만 바로 그 기적을 이루어낸 베이비 부머 세대다.

대한민국이 원조 수혜국 지위에서 벗어나 가난한 나라들에게 도움을 주는 공여국으로 돌아섰다. 대한민국은 수혜국에서 선진 공여국으로 탈바꿈한 첫 번째 나라이다. 아직까지는 수혜국에서 공여국이 된 유일한 국가다.

한강의 기적을 이루어낸 산업일꾼 세대다. 전쟁 직후 한국은 국가 예산의 40프로 이상을 원조로 충당해야 할 만큼 세계 최빈국 중 하나였다. 하지만 2021년 올해 ODA^{공적개발원조}규모는 OECD개발원조 위원회^{DAC} 국가 29개국 중 15위에 해당한다.

비록 국민총소득^{GNI}대비는 0.14%로 여전히 낮은 수준이지만 지난 10년간 증가율은 11.9%로 회원국 중 단연 1위다. 영화, 드라마, 음악 부문에서 대한민국의 콘텐츠는 또 어떠한가? 글로벌 스탠더드에 맞추어 부상함에 따라 정치, 경제, 사회, 문화^{한류}를 아우르는 선진국의 위상을 갖추게 되었다.

평균수명 120시대 60이면 정확하게 중간지점이다. 지금까지 인생 씨앗에 희로애락이란 정성을 쏟아 가꾸었다. 이제 희로애락의 꽃을 피울 때이다. 찬란히 빛나는 형형색색의 꽃을 피워보자. 열매를 맺어보자. 무엇이 두렵겠나. 희로애락을 겪은 우리 그 느낌 좀 아는데~

SECTION. 3

나에게는
12척의 배가
있습니다

"나에게는 12척의 배가 있다." "엄마에게 어떤 12척의 배가 있어요?" 하고 딸이 묻는다. 설마 그런 것 같지 않은데 자기들 모르게 큰 비자금을 숨겨 놓았나 싶은 모양이다.

딸이 생각하는 그런 물리적인 특별한 12척이 있는 것이 아니다. 이순신 장군이 절대적 악조건 속에서도 희망을 잃지 않은 그 정신이다.

긍정적인 자신감으로 어떤 상황일지라도 죽기 살기로 해볼 힘이 있다는 것이다. 열정을 불태울 의지가 있다는 것이다. 60년을 살아온 12척의 비장의 무기는 무엇인가?

인생은 '새옹지마'塞翁之馬다. 옛 이야기 속 새옹의 전 재산인 말이 어느 날 없어져 낙심했지만 수말을 데려와 기뻐했다. 그런데 아들이 그 말을 타다가 떨어져 불구의 몸이 되어 근심을 안게 되었다.

그런데 곧 나라에 전쟁이 일어나 젊은이들이 불려 가게 되었지만 아들은 불편한 몸이라 불려 가지 않아 목숨을 구했다는 이야기다. 즉 60인생 살아보니 좋다고 영원히 좋은 것 아니고, 나쁘다고 끝없이 나쁜 일로 끝나는 것도 아니더라.

좋았던 일이 화근이 되기도 하고, 안 좋은 일로 낙담하던 일이 오히려 좋은 결과를 갖고 오기도 하더라. 이제는 이 또한 지나가리라, 하면서 어떠한 복이 오려나 설레면서 기대해 보는 경지에 달했다.

'일희일비'하지 말자. 조급해하지 말자. 사태를 기다리며 지켜볼 여유로움을 꺼내보자. 보이지 않지만, 60년 살아온 내공의 힘이 우리 안에 강력히 자리잡고 있다.

내 자신을 믿어주자. 신뢰해 주자. 난 언제나 옳았다고 지지
해 주자. 60년 잘 살아왔지 않은가? 현실을 부정하지 말자. 상
황을 부정적으로 탓하지 말자.

'만사지복'萬事之福이다. 순간 순간 감사하자. 그때는 힘들었지
만, 아픔을 통해 감사할 일로 결과가 나타난다. 감사의 눈으로
보면 내 주위 모든 것에 감사 조건은 넘쳐난다.

삶의 작은 순간들이 합력하여 선을 이룬다. 장미꽃 가시도
감사, 푸른 하늘 감사, 맑은 공기 감사, 감사할수록 감사할 일들
은 많이 생긴다. 좋은 생각의 에너지가 더 좋은 에너지를 몰고
오기 때문이다. 범사에 감사하자.

60인생 살아보니 웬만한 것은 웃어넘길 깊고 넓은 마음의 우
물 하나씩은 갖고 있다. 사소한 일로 모양 빠지게 '시시비비'가리
지 않을 아량도 웬만큼 갖고 있다.

고인이 되신 내 엄마는 딸들이 사소한 일로 엄마를 위한다는 취지로 지적질을 해대면 눈물이 찔끔 나오도록 웃으셨다. 60인생 엄마만큼 살아보니 왜 그렇게 웃으셨는지 알겠다.

기가 막혀 어이없어 그렇게 웃으신 거다. 일일이 대꾸할 가치가 없었던 거다. 그 웃음은 '너도 살아보면 알 거다'였다. 생각이 모자랐던 그때는 엄마가 가당치도 않은 우리의 지적질을 수긍하는 웃음이라 생각했다. 엄마에게 깊고 넓은 마음의 우물이 있는지 그때는 몰랐다.

60인생 살아보니 100프로는 아니어도 상대방 입장을 이해하겠더라. 나를 내려놓고 그 사람의 입장에서 생각해 볼 수 있는 마음의 창이 하나 생겼더라.

쉽게 이해하게 되고, 공감하게 되고, 우리는 나이 들면서 많은 것을 잃었다고 생각한다. 실제로 잃은 것도 많다. 단적인 예로, 청춘을 잃었다.

빛나던 젊음, 청춘을 잃은 것은 제일 큰 손실이다. 자체발광 청춘의 가치를 그때는 몰랐다. 하지만 세상 이치가 공짜는 없는 법이다. 얻은 것도 셀 수 없이 많다.

돈으로 살 수 없는 빛나던 청춘을 내어 주고 그만큼 귀한 12척의 인생배를 얻었다. 이 거래는 굉장히 합법적이고 공정한 거래다. 12척의 배가 더 가치있고 아름다운 이유이기도 하다.

우리에게는 자신만의 천하무적 12척 배가 있다. 12척의 배로 인생 후반전 품위있게, 신명나게 출항하자. 희망의 닻을 올리자. 60년의 시간을 투자해 만든 나만의 배다. 한 땀 한 땀 장인의 정신 그 이상인 삶으로 빚어낸 12척의 배다.

그 누구에게도 뺏길 수 없는 귀한 마음의 보물들이다. 60년을 살면서 몸으로 경험하며 세상의 이치를 알아냈다. 세상을 보는 눈을 얻었다. 세월의 무게만큼 연륜이 쌓였다.

나의 분신인 가족, 자녀를 얻었다. 현재의 '나'를 얻었다. 희로애락의 삶을 얻었다. 삶의 터전, 탄탄한 가족이라는 배경이 있다. 백전백승 무적의 12척 배가 있다. 무엇이 두려운가? 진짜 인생 지금부터다. 인생 후반전의 배를 띄우자.

인생 60은 '제2의 황금기'다. 열정을 불태울, 꿈을 이룰 수 있는 힘이 있다. '나'이기에 할 수 있는 일. 나를 브랜딩할 수 있는 일을 찾자.

물 들어왔다. 배 띄우자. 희망찬 내일 향해 돛을 올리자. 힘차게 노를 젓자. 인생 만선의 기쁨으로 목청 높여 뱃노래 부르자.

어기여차~ 어기여차~
어야디야~ 어야디야~

∞

나
이런
사람이야

'나 이런 사람'이라는 고정된 꼬리표는 없다. 인생은 갈고닦기 나름이다. 그럼 '나는 누구인가' 나 자신을 어떤 말로 표현할 수 있는가?

　'나는 늙었어' '이 나이에 새삼 뭘 하겠어' '난 많이 지쳤어' '이 젠 나이를 먹어서' 외부요인을 탓하는 이런 말들은 나이가 많아 질 것이기 때문에 성장과 새로운 것을 더 이상 하지 않겠다는 말이다. 변화의 물결 앞에서 안주하는 것만큼 위험한 결정은 없 다. 퇴물로 남겠다고 선언하는 것이다.

나이를 이유로 주위의 동정을 얻고 싶은가? 기억력이나 부주의함을 고치기 위해 노력하지 않고, 나이 핑계 대며 그것은 어쩔 수 없는 일이라고, 나이 들어 못 한다고, 스스로에게 뼛속 깊이 각인시킬 것인가?

상대에게 상처 주는 행동을 하고 "난 뒤끝 없는 사람이야. 어쩔 수 없어, 지금 와서 뭘 고치겠어? 살던 대로 살지, 항상 그래 왔는데 뭐."라는 말로 무마한다. 난 체질적으로 그런 것 못 해, 하며 더 이상 노력을 회피한다.

자신의 능력을 한계 짓는 말을 무의식적으로 쏟아 낸다. 나는 내성적이야, 나는 운동 신경이 둔해, 난 그런 데 관심 없어, 이런 사람이야말로 자신의 소극적인 행동을 '나는 원래 그런 사람'이라고 합리화한다.

자신의 능력을 한계 짓는 이런 말들은 순간을 모면하기 위한 변명으로 들린다. 앞으로 달라지고 싶은 생각이 1도 없음을 세상에 선포하는 꼴이다. 자신도 모르게 안주하는 삶을 선택하는 것이다. 일상 속에 함몰되어 안주하는 삶을 사는 사람에게 절호의 기회는 결코 오지 않는다. 우리는 이미 만들어진 완

제품이 아니다.

겸손을 가장한 자책 발언은 자신에게 한계를 지우고 자신을 망치는 행동이다. 지금 그대로의 모습으로 계속 남겠다는 것은 죽음과 같은 삶을 선택하는 것이다. 자책하는 말들은 눈부실 인생 후반전의 상당한 즐거움과 흥미로운 삶을 미리 포기하는 것이다.

덴마크 철학자 키에르케고르^{kierkegaard}는 "그렇게 단정적인 말로 나를 표현하는 것은 내 존재를 부정하는 것"이라고 한다.

자신에게 완벽이란 기준을 적용하면 안 된다. 완벽을 적용하면 어떤 것도 시도해 볼 엄두가 안 난다. 완벽은 인간에게 해당되는 개념이 아니다. 신은 완벽하다. 인간인 우리에게 당치도 않는 완벽의 기준은 운신의 폭을 좁힌다. 성공보다 실행이 중요하다.

인생 후반전 다양한 시도로 과거의 수준에서 벗어나 눈부신 삶을 경험해 보자. 실행이 중요하다. 잘못될지도 모른다는 두려움만으로 새로운 일을 피하지 말자.

자신의 가치가 일의 성공 여하에 따라 결정된다고 생각하면 안 된다. 그러면 어떠한 일도 시도하기 어렵다. 에디슨을 보자. 첫 번째 실험에 실패한 후 그 실패를 가지고 자신을 실패자라고 단정 지었다면, 지금의 전등불 아래 삶은 더 늦게 왔을 것이다. 언제나 밝은 불빛 아래 책을 볼 수 없어 모든 부분의 발전이 늦어졌을 것이다.

가장 위대한 일은 위대한 업적을 성취하는 것이 아니라 자기 자신을 넘어서는 것이다. 자신을 억누르고 끝없이 제한하고 속박했던 두려움과 편협함, 부정적인 마인드, 무기력함과의 싸움에서 승리할 때 비로소 비상할 수 있고 세상을 이끌 수 있다.

우리는 실패할지도 모르는 일이면 먼저 피하려 든다. 미지의 것에 대한 두려움은 자신의 한계를 만든다. 이제부터 한계를 초월하는 선언을 하자. '나는 뭐든지 시도해 볼 수 있는 사람이야!', '나는 꿈이 있는 사람이야', '난 건강한 사람이야', '난 행복한 사람이야', '난 열정이 넘치는 사람이야'

긍정적인 선언은 듣는 사람도 힘찬 에너지를 얻는다. 진정한 선한 영향력이란 물질적인 베풂이 아니라, 건강한 자기 사랑의 실행이라 생각한다.

긍정적인 "나 이런 사람이야"의 선포는 내면의 힘이다. 자신감이다. 미래에 어떤 일이 닥쳐도 의연하게 감당해 낼 수 있다는 자신감, 내면의 힘이 중요하다. 믿을 수 있는 것은 나 자신뿐이다.

질그릇을 만드는 데 필요한 가마의 온도는 800도다. 도자기를 만드는 온도는 1250도 이상이다. 1250도에서 흙의 밀도가 놀랄 만큼 높아지고 단단해져 유리질의 도자기가 된다. 질그릇이 나를 넘어서면 도자기가 된다. 성공적인 삶을 사는 사람은 세상과 경쟁하는 것이 아니라 자신을 넘어서고자 한다. 어제보다 나은 나를 만나는 것이다.

지금의 나를 최고의 나로 바꾸자. 나를 넘어설 수 있는 내면의 힘을 키우자. 나와 내 안의 내적 힘에 대한 굳은 믿음만 있다면, 인생 후반전 진짜 내 인생으로 살아낼 수 있다. 외적인 환경을 너무 의식하지 말자. 남의 눈에 어떻게 보이는지는 중요하지 않다. 남을 의식하는 삶은 의존적인 삶이다. 의존적인 삶은 내가 살아가고 성장하는 역량 발휘 능력을 앗아갈지도 모른다.

미국의 시인 로버트 프로스트 Robert Frost 는 〈가지 않는 길〉에서 숲속에 두 갈림길이 있었다고, 나는 사람이 적게 간 길을 택하였다고 그리고 그것 때문에 모든 것이 달라졌다고 했다. 선택은 나의 몫이다.

자책감 짙은 "나 이런 사람이야"로 그 자리에 머물 것인가? 과거에 묶인 끈을 풀고 새로운 모습으로 환골탈태를 시도할 것인가? 인생 60에 쫄지 말자. 새로운 것에 대한 불편함과 두려움을 마음 설레는 '새로운 세상'으로 맞이하자. 눈부신 인생 후반전 능력에 한계 짓지 말고, 무한궤도로 달려보자.

자~어때 ! 나 멋진 사람이지?

SECTION. 5

권리의
삶을
누리자

삶 대부분을 의무에 충실하려는 모습으로 살았다. 역할에 충실하게 살았다. 이제 '권리의 삶'으로 바꾸자.

우리는 주위에 친절해야 된다, 배우자에게 힘이 되어야 한다, 자녀에게 보탬이 되어야 한다, 항상 열심히 일해야 된다. 여자는 이래야 된다, 저래야 된다. 이러한 사회적 통념이 당연하다고 생각하며 살아왔다.

특별한 계기가 없는 한 앞으로도 그렇게 살아갈 것이다. 이런 의무 가운데 하나라도 지키지 못하면, 우리는 스스로를 책망하는 '압박감'을 느끼게 된다. 의무라는 사회적 강요로부터 생겨난 압박감이다.

나의 삶이 의무에 끌려다니고 있지는 않은가? 이제는 한번 돌아볼 때라고 생각한다. 인생 후반전을 맞는 우리는 더 이상 다른 사람을 위해 내 시간을 내어 줄 수 없다. 내 삶의 권리를 누리는 우리는 시니어 혁명가다.

사회가 나에게 떠맡긴 역할에서 벗어나자. 여자, 중년, 엄마, 주부, 부모에 대한 자식의 도리, 자식에 대한 부모의 책임, 사회가 기대하는 역할 위치에서 벗어나자.

사회적 관습에 대해 부정하자는 것이 아니다. 반사회적 행위를 하자는 것도 아니다. 내 역할에 스스로 묶여 있던 마음의 족쇄에서 해방되자는 것이다.

다른 사람을 위한 삶이 아닌 나를 위한 삶을 살자는 것이다. 자신이 주도하는 삶으로 꾸려 나가자. 자기에게 충실한 삶이 권리의 삶을 누리는 삶이다.

인생은 리허설이 없다. 내 인생은 한 번뿐이다. 의무적인 삶에 매여 살다가 막을 내릴 것인가? 기쁨과 환희 속에서 즐거움을 누리며 살다가 눈부신 인생의 막을 내릴 것인가? 선택은 당신에게 달려있다.

자신이 주도하는 권리를 누리는 삶을 살면 자신의 내면으로 눈을 돌리게 된다. 의무의 잣대가 없어지면 결정을 내리는 일이 한층 쉬워진다.

나를 위한 선택을 할 수 있다. 자기 자신을 찾고 자기 나름의 기준에 따라 인생을 살아가는 것은 엄청난 보상이 따르는 신나는 일이다. 권리를 누리는 삶은 자신 있게 사는 것이다.

이 세상에서 크게 성공한 사람들은 전부 근거 없는 자신감으로 충만한 사람들이다. 세상을 향해 도전하고, 외치고 달려 나갔던 사람들이다.

근거 없는 자신감의 대표적인 사례는 호박벌이다. 호박벌은 날개가 너무 작고 얇다. 하지만 몸은 너무 크고 무겁다. 이론적으로, 과학적으로 분석해 볼 때 절대 날아다닐 수 없는 구조다.

하지만 호박벌은 잘 날아다닌다.

바로 이것이 근거 없는 자신감이다. 이것이 진짜 인생 시작인 시니어 혁명가에게 필요한 마음가짐이다. 자신감으로 권리의 삶을 누려야 하니까.

발전하는 사람은 사회에 적응하고 관습을 그대로 받아들이지 않는다. 성장 변화하는 사회는 관습을 거부하고 자신의 세계를 만들어 가는 혁신가에게 달려 있다.

전통을 그대로 답습하는 것이 아니라, 자기실현을 위해 행동하는 실천가는 자신의 권리를 누리는 자다. 행동이 반복되면 습관이 되고, 습관이 오래되면 본성이 된다.

지금까지 살아온 방식을 고수하는 것은 불편하지 않고 맘 편하다. 안주하는 것은 고인 물과 같다. 변화가 없다. 변화가 없으면 나를 위한 성장도 없다. 불편하더라도 구르는 돌이 되자.

사회적 관습에 얽매이면 우리는 언제까지고 현상 유지만 할 것이다. 관습의 장벽을 깨면 내가 주인이 되는 권리의 삶을 살 수 있다. 플라시보 효과^{Placebo Effect}는 기쁨을 주다, 즐겁게 하다 에서 유래되었다고 한다.

플라시보 효과를 이용해 자신의 신념에 긍정적 믿음으로 적 극적인 자세를 갖자. 마음에 의욕이 생기고 어떤 일이라도 해내 려면 자신에 대한 스스로의 평가를 먼저 긍정적으로 바꾸고 긍 정적 암시를 걸어야 한다. 아무 근거 없는 터무니없는 믿음이라 도 긍정적 암시를 하면 뇌는 현실로 착각하게 된다.

이 얼마나 멋진 삶인가. 자신의 행동을 격려하자. 자신을 신 뢰하자. 내가 주인이 되어 그때그때 결정을 내리도록 하자.

나는 조화로운 삶을 누리기 위해 태어났다. 나는 풍요로운 삶을 살기 위해 태어났다. 부유하고 행복하며, 성공적인 삶을 사는 것은 나의 권리다. 언제나 나의 참된 가치를 알고 나의 재 능을 발휘하자. 나는 행복해질 권리가 있다.

마음이 원하는 나만의 행복 노래를 부르자. 행복이란 모름지 기 내가 선택하는 것이다.

START !

CHAPTER 3

늙어갈 것인가?
익어갈 것인가?

SECTION. 1

꼰대에서
존대로
익어가자

열심히 살다 보니 어느새 '꼰대'란다. 전혀 원하지 않는 호칭이다. 호칭은 자신이 부르는 것이 아니고 다른 사람이 부르는 것이니 어쩔 수 없다. 꼰대의 사전적 정의는 자기의 구태의연한 사고방식을 타인에게 강요하는 나이 많은 사람을 일컫는다. 어이없게 2030 자녀 세대들이 우리에게 붙인 별칭이다.

이 시대는 하루가 다르게 급변하는 시대다. 2030세대들의 의식 성장 발전 속도도 빠르다. 더 이상 구태의연한 옛날 사람의 훈계 따위를 필요하지 않는다. 정보의 시대다. 더 이상 어른의 도움을 받을 필요가 없어졌다. 오히려 우리가 도움을 요청할 때가 더 많다.

우리의 지식 정보 체계는 오롯이 기억에 의존한다. 기억에는 한계가 있다. 새로운 정보를 연결하는 데 상당한 시간이 걸린다. 무뎌진 손으로 기술에 적응하려니 2030의 도움이 필요하다. 우리를 꼰대로 여기는 2030은 그들이 원하는 세상 정보를 다 불러온다.

새로운 정보가 넘쳐나는 시대에 부모의 배움은 몇십 년 전 배우던 시점에 머물러 있다. 자녀들과 30여 년의 문화적 차이가 난다. 하루가 다른 세상인데, 문화적 차이로 당연 꼰대일 수밖에 없다.

2010년에서 2020년의 10년, 강산도 변한다는 10년이다. 이 10년 동안 옛날 100년 이상으로 문화가 급변했다. 스마트폰이 삶의 질을 바꾸어 놓았다. 나의 경험을 훈계랍시고 이야기해 봐야 옛날 사람 취급이다. 이제 입은 다물고, 지갑을 열어야 할 때인가?

〈석시현문〉에는 "장강의 뒷물결은 앞 물결을 재촉하고, 세상의 새사람은 옛사람을 쫓는다"라고 실려있다. 새로운 이론과 지식으로 무장한 새사람들이 끊임없이 사회를 주도하고 마치 큰 강물이 도도히 흘러 앞에 있는 물결은 도저히 그 자리에 머무를 수 없는 모양과 같다. 앞의 물결은 흐르는 물결에 역행하지 말고 따라야 한다. 뒤의 물결도 흐르는 물결에 막무가내로 앞서 가려고 해서는 안 된다. 앞뒤가 서로 섞여 유연하게 흘러가야 한다.

장강의 앞, 뒷물결처럼 유기적인 연결이 되도록 꼰대 탈출을 시도해보자. 마음이란 구걸해서 얻을 수 있는 것이 아니다. 내가 먼저 타인에게 마음을 다했을때, 비로소 남의 마음을 얻을 수 있다. 마음을 얻기에 좋은 '대화'가 있다. 우리는 언어로만 말하지 않는다. 가장 먼저 그 사람의 호의적 이미지, 곧 그 사람의 미소를 통해 대화의 문이 열린다.

특히 좋은 이미지를 만들어 내는 '미소'는 매력적인 대화를 할 수 있게 돕는다. 상대방의 웃는 모습을 보면 자신도 모르게 웃는 근육을 움직이게 된다. 미소는 다른 사람의 미소와 긍정적 반응을 얻게 한다.

미국 사회심리학자 자이언스에 의하면 "사람들은 단순히 만나 눈을 마주치거나 가벼운 신체접촉을 하는 것만으로도 호감도가 크게 상승한다"라고 한다. 그는 이를 '단순접촉효과'라고 불렀다.

미소가 호의를 불러오는 표현이라면, 가까운 거리에서 이루어지는 인사와 악수는 호의를 강화한다. 위드 코로나가 되면 악수는 가능하지 않을까?

눈인사와 악수는 늘 삶에 여유가 있고 자신감이 있는 사람이 먼저 하기 마련이다. 삶의 여유를 공유하고 호감을 증진시키는 방법은 간단하다. 먼저 인사하고 먼저 손을 내밀자. 먼저 내민 손이 상대의 마음을 얻어 존대를 만든다.

상대방의 눈을 바라보며 나누는 대화는 더욱 긍정적이다. 상대의 눈을 보며 고개를 위아래로 끄덕이면 대화의 장에서 신뢰를 받는다. 공감해 주는 친구로 존대를 받을 것이다.

꼰대의 벽을 조금은 허물 수 있다. 대화 도중 끼어들거나, 상대방의 말을 끊거나 하는 경우가 많다. 하지만 이건 확실하게 '꼰대질' 이다. 잘 듣는다는 것은 상대방을 존대해 준다는 태도다.

상대에게 존대받고 싶다면, 상대의 말을 끝까지 들으라. 끝까지 듣고자 하는 상대방을 향한 존대가 신뢰와 존중이라는 값진 존대로 돌아온다. 누군가에게 받고 싶은 존중을 내가 먼저 해 주자.

내가 보낸 존대가 반드시 큰 보답으로 돌아온다. 이것은 황금률이다. '라테는 말이야~~'는 깊숙이 감추자. 열린 마음으로 어린 친구들을 존대해 주고 두 배 세 배로 돌려받자. '말 한마디로 천 냥 빚을 갚는다'라는 속담이 있다. '아 다르고 어 다르다'라는 말도 있다.

말은 말하는 사람의 심리이고 인품이다. 〈초한지〉의 두 영웅 항우와 유방의 평소 말버릇에 관한 이야기다. 말버릇에 사람의 성향이 나타난다. 항우가 자주 쓰던 문장은 "어떠냐?하여何如"였다. 자신을 과시하는 '어떠냐'다. 반면 유방은 "어떻게 하지?여하如何"였다. 자신을 낮추고 상대방의 의견을 높이는 태도다.

말의 순서만 바꿨을 뿐인데 전혀 다른 상황을 만든다. '아 다르고 어 다르다'라는 같은 말을 할지라도 뉘앙스에 따라 달리 해석될 수 있다는 뜻이기도 하다. 말의 힘이기도 하다.

우리는 '꼰대'가 아니다. 옛날 사람이 아니다. 사회의 돌봄 대상은 더욱 아니다. 인생의 경험과 삶의 굴곡이 만들어 낸 지혜자다. 살아있는 역사의 증인이다. 우리가 아무리 이렇게 외쳐도 소용없다. 호칭은 그들이 부르는 것이니까. 그들의 눈에 '지혜자'로 보일 수 있게 분발하고 노력할 수밖에, 인정받고 존대받는 어른다운 어른으로 늙지 말고 익어가자.

품위 있게
익어가자

나이 드는 것을 생각하면 염려에 휩싸여, 두려워지기까지 한다. 겉모습이 변하고 몸이 예전 같지 않기 때문이다. 몸이 여기저기 불편함을 호소한다.

나이 들어 생기는 문제로 인해 품위를 소홀히 할 순 없다. 품위는 우리 인생을 드높인다. 품위 있는 사람은 내면에 자신과 여유가 넘친다.

우린 품위 있는 삶을 원한다. 품위란 사람이 갖추어야 할 위

엄이나 기품을 말한다. 또 사람이 지닌 고상하고 격이 높은 인상이다. 품위 있는 사람은 은은한 향기가 배어 나오듯 삶의 전반적인 모습에서 자연스레 스며나오는 아름다운 모습이 있다.

"겸허한 자들에게는 지혜가 있다"잠언 11:2 성경의 잠언 말씀이다.
겸허하자. 겸허한 태도를 보인다는 것은 '난 늙었으니 아무 쓸모 없는 사람이야' 같은 부정적인 생각을 하는 것이 아니다. 부정적 생각은 삶에 대한 열정을 잃게 한다.

지혜롭게 자신의 처한 상황을 잘 이해하자. 나이로 용서되는 세상이 아니다. 나이 많음을 무기로 삼으면 안 된다. 실수를 나이 탓으로 돌려막기 해서도 안 된다.

'늙었으니 어떻게 보이든 상관 없다'는 식의 옷차림은 품위와 맞지 않다. 단정한 옷차림은 본인의 기분도 좋아지고 자신감도 생기게 한다. 성공하는 사람의 옷차림은 어느 상황에 대통령을 만나도 상관없는 옷차림이라 한다. 본인의 나이만큼 무게의 인품을 갖자. 겸허한 모습으로 품위 있게 익어 가자.

매사를 긍정적으로 생각하자. 표정을 밝게 하자. 내가 할 수 있는 일들을 즐기자. "괴로워하는 이에게는 모든 날이 불행하지만, 마음이 흥겨운 이에게는 매일이 잔칫날이다"^{잠언 15:15} 기뻐하자. 감사하자.

새로운 것을 배우면 사고의 폭이 넓어지고 더욱 긍정적이 될 수 있다. 긍정적인 생각으로 더욱 품위를 높이자. 환한 미소로 향기 나는 삶을 살자.

관대하게 베풀자. "주라 그리하면 너희에게 줄 것이요"^{눅6:38} 다른 사람에게 기꺼이 내주고 가진 것을 나누는 사람은 만족감과 행복을 느낀다. 관대하게 베푸는 사람은 관대하게 돌려받게 된다. 베풀면 온정이 넘치고 서로 감사하여 삶에 기쁨이 넘친다. 베푸는 삶은 참으로 품위 있는 삶이다.

사람들은 자기 말을 잘 들어주는 사람과 함께하길 좋아한다. "너희 말을 항상 은혜 가운데서 소금으로 맛을 냄과 같이 하라." 골로새서 4:6 나의 감정을 이해해 주고 관심 가져 주는 사람에게 호감을 갖는다.

최고의 대화는 경청하는 거다. 물론 잘 들어 준다는 것은 쉬운 일이 아니다. 사려 깊으면서 힘과 용기를 주는 말로 호응하자. 연륜으로 잘 들어 주는 모습은 참 품위 있는 어른의 모습이다. 품위 있게 익어 가자.

고마움을 표현하자. "너희는 또한 감사하는 자가 돼라"^{골로새서} ^{3:15} 상대가 누구일지라도 감사해야 할 때 감사를 표현하자. 올바른 태도를 가지고, 나이 많음을 무기로 삼지 말자. 어린 사람이라고 내려 보지 말자. 내 일을 도와주는 사람이라고 소홀히 하지 말자. 존중해 주자. 그 존중이 품위를 높인다.

올바른 태도를 가지고 기꺼이 노력하여 단순히 늙어 가는 것이 아니라, 살아온 연륜만큼 품위 있게 익어가자. 품위 있는 사람은 마음이 부요하고 여유롭다. 그래서 삶도 풍요롭다. 품위 있는 사람이야말로 진정한 '멋'을 아는 사람이다.

젊었을 때 방향과 목표를 제대로 설정하지 못해 미숙한 점이 많았다. 시행착오를 거친 중년의 지금 60대는 자신이 좋아하는 것이 무엇인지, 어떤 삶을 살아야 하는지가 명확해지는 나이다.

경희대 경영대학원 교수가 말하는 최고의 얼굴에 관한 이야기다. 나이는 속여도 얼굴은 속일 수 없다. 얼굴은 그 삶의 핵심 증거다. 우리는 가끔 얼이 빠졌다는 표현을 쓴다. 얼간이, 어리석은, 얼토당토않다 등도 얼에 관련된 말이다. 얼굴이란 얼을 담는 그릇으로 한마디로 그 사람의 영혼이다.

심리학에서 사용하는 페르소나라는 라틴 용어는 가면을 쓴 인격을 뜻한다. 인간의 얼굴은 무려 7000가지의 표정을 지을 수 있다고 한다. 7000가지의 표정 중 어떤 얼굴로 내 삶의 책임을 질 것인가?

마음의 동요가 얼굴에 그대로 드러나 주위를 당황하게 하는 얼굴도 있다. 반면 침착함을 유지하여 위급상황에도 동요하는 사람들의 마음에 안정감과 신뢰감을 주는 얼굴도 있다.

운동 선수들은 경기에 임하였을 때, 불안, 초조한 마음을 상대 선수에게 내색하지 않는 포커페이스로 경기를 이끌어간다. 60 인생을 살아낸 사람으로 상황에 맞는 포커페이스가 필요하다. 물론 기쁜 일, 행복한 웃음은 좀 과장되게 표현해도 좋다. 인생 제2의 황금기를 사는 삶의 핵심 증거. 얼이 내 얼굴이다.

우리가 먹는 것 중에 제일 잘 먹어야 하는 게 나이다. "스무 살의 얼굴은 자연의 산물이고 쉰 살의 얼굴은 당신의 공적이다." 세계적 디자이너 코코 샤넬이 남긴 말이다.

초등학교 아파트와 통하는 후문이 있다. 아이들 등교 시간에 그 앞을 지나게 되는데 후문 앞에서 등교하는 모든 아이들에게 인사하시는 분이 계신다. 아이뿐 아니라 그 앞을 지나는 모든 사람에게 인사를 하신다. "사랑합니다" 밝고 큰 소리로 얼굴을 마주 보기 위해 몸의 방향을 바꿔가며 "사랑합니다" 하신다. 하신다고 말하는 것은 그분이 나이가 많기 때문이다.

학교 경비이신지 아파트 경비이신지 알 수 없지만 그분의 삶이 그려진다. 그분의 표정이 너무 안정되어 있으시고, 고요하다. 마주하면 나도 착해지는 느낌, 선한 영향력을 받는다. "사랑합니다" 아침 첫인사로 축복을 듣고 등교하는 아이들 하루가 괜찮을 것 같다.

이미지는 '마음의 모양'이란 뜻을 가진 그리스어 '이마고'에서 유래했다. 이미지는 나이가 들수록 중요하다. 나이가 들면 자신의 살아온 모습이 얼굴을 만들기 때문이다. 타고난 얼굴은

20~30%에 불과하며 70~80%는 후천적 환경이나 노력으로 만들어진다고 한다.

이미지를 좌우하는 얼굴은 단순한 외모를 말하는 것이 아니다. 얼굴은 마음을 보여주는 거울이다. 생활의 기록이기도 하다. 성공한 사람들은 표정이 아주 밝다. 그리고 행동은 시원시원하고 거침이 없다.

어떤 사람은 그가 있음으로 인해 분위기가 환해진다. 반면 어떤 사람은 그가 없으면 분위기가 밝아진다. 나는 어떤 사람인가? 얼굴에 삶의 공적이 보이는가? 어색하지만 목소리 높여 인사해 보자. "사랑합니다" 인사하는 내 모습에 품위가 느껴지지 않는가?

앞으로의 목표와 삶의 방향을 제대로 설정하여 품격 있는 삶을 살자. 품격 있는 삶은 의도적으로 꾸며야 하는, 어려운 것이 아니다. 가벼운 인사와 미소, 친절한 배려도 본인의 품위를 드높이는 역할을 한다. 늙어갈 것인가? 익어갈 것인가? 우리의 선택은 당연히 아름다운 미소로 품위 있게 익어가는 것이다.

책 읽기로
익어가자

우리는 언제나 뭔가를 하고 있다. 인생에서 뭔가를 한다는 것은 참으로 중요한 것이다. 그 뭔가 중에 자기자신을 재창조하는 삶은 변혁의 시대에 반드시 필요한 활동이다. 반드시 필요한 생존의 도구다.

그 생존의 도구로 책 읽기를 추천한다. 카프카는 말한다. "책은 내 머리를 깨는 도끼와 같다." 책은 그동안 쌓인 생각들을 걸러주고 수정해 주는 필터다.

책을 읽는 과정에서 머리가 깨어지는 경험을 하게 된다. 책 읽기는 자신의 가치를 드높이는 생산과 창조의 활동이다. '가난하게 사는 이유는 책을 읽지 않았기 때문'이라고도 말한다. 부의 양과 지식의 양은 동일하다고도 한다. 읽은 책의 양만큼 삶의 질이 높아지기 때문이다.

마르크스는 대영박물관에서 살다시피 할 정도로 독서에 빠졌다고 한다. 다빈치는 서른까지 내세울 것 없는 인생이었다. 사생아로 태어나, 13명의 이복 동생과 아버지의 무관심 속에 조부모 손에 자라 제대로 된 교육은 못 받았다.

하지만 서른부터 지독한 독서와 공부로, 6천 점의 노트와 메모로 천재성을 나타냈다. 한편 어릴적에는 저능아로 여겨진 토마스 에디슨은 디트로이트 도서관의 책을 다 독파하고 천재로 도약했다.

책을 읽는 사람들은 변화한다. 자신을 넘어 사회를 그리고 국가를, 세상을 변화시키는 주역이 된다. "내가 다른 사람들보다 멀리 볼 수 있었다면 그것은 거인의 어깨 위에 올라섰기 때문이다."라고 말한 사람이 있다.

거인의 어깨에 올라탄 사람은 아이작 뉴턴이다. 중력이라는 개념을 인류에게 알린 사람이다. 아이작 뉴턴의 거인은 누구일까? 아리스토텔레스, 갈릴레오, 케플러, 데카르트였다. 거인들이 없었다면 뉴턴의 만유인력 법칙은 더 많은 시간과 노력이 필요했을 것이다.

책을 읽다 보면 인류 역사 속 시대를 고민한 그들의 생각을 만난다. 그래서 우리는 책을 읽어야 한다. 책은 미지의 세상을 만나는 통로다. 인생은 리허설이 없지만 책을 통해 경험해 보지 않은 세상을 미리 경험해 볼 수 있다.

책을 통해 우리가 살고 있는 세상을 넘어서야 한다. 생각이 깊어질수록 세상을 바라보는 시선도 깊어질 것이다. 이 세상은 강한 자가 살아남는 게 아니다. 살아남는 자가 강한 자다.

삶을 살아가기 위한 내면의 힘을 키울 수 있는 것이 책 읽기다. 특히 인문 고전 속에는 우리 삶에 대한 이야기가 담겨 있다. 고전 속 그들의 삶을 천천히 한 글자씩 읽다 보면 우리와 똑같은 사람들의 이야기라는 걸 알게 된다.

책 속에서 우리의 모습을 찾게 되고, 이를 통해 삶에 대해 다시 생각해 보게 된다. 이렇게 살아도 되는 것일까? 잘 산다는 것은 무엇일까? 어떻게 살아야 될까? 나는 왜 사는 걸까? 인생 60에 이런 질문들이 우리의 심장을 두드린다.

고전은 오래된 지도와 같다. 오래된 지도에는 보물이 있다. 고전 속 그들의 이야기가 시공간을 넘어 현대를 살아가는 우리에게 필요한 지식과 통찰을 준다. 지식과 통찰을 통해 나에 대한 생각에서 주변 사람들, 내가 사는 사회로 생각의 범위가 확장될 것이다.

책을 통해 우리 스스로 가야 할 길을 찾게 된다. 삶은 여행과 같다. '책은 앉아서 하는 여행이고, 여행은 걸어 다니면서 하는 독서다.' 때론 삶은 불공평하고 부조리하여 시련을 주기도 한다. 그래서 우리에게는 자신만의 무기가 필요하다. 자신만의 무기로 책 읽기보다 좋은 무기가 있겠는가?

프랑스 철학자 몽테뉴는 『수상록』에서 "위대하고 고상한 것을 판별하기 위해서는 우리가 위대하고 고상한 영혼을 지니지 않으면 안 된다. 그렇지 않으면 자신의 악덕조차도 위대하고 고상한 것으로 생각하게 된다."면서 올바른 가치관으로 자신을 성찰해 바로 세워야 함을 말한다.

독서의 목적은 행동의 변화와 삶의 변화다. 내가 읽은 글이 글로 머무르지 않고 내 삶에 적용되어 삶의 변화와 의식의 수준을 끌어올린다. 사람들은 자신이 잘 모른다는 사실을 솔직히 털어놓기 어렵다. 모름을 감추기 위해 거짓말을 지어내기도 한다.

어리석음을 받아들이고, 개선하려는 것이야말로 발전의 출발점이다. 내가 무엇을 모르는지를 안다는 것은 대단한 것이다. 내 자신을 제대로 알지 못하면, 아무리 뛰어난 스승이 불변의 진리를 가르쳐도 소용없다.

'지지위지지 부지위지지知之爲知之不知爲不知' 모르는 것을 모른다고 자신있게 말할 수 있는 것은, 아는 자의 떳떳함이자 분별력이다. 모르는 것은 당당히 모른다고 하자. 그리고 개선하자. 책 읽기로 진짜 인생 멋지게 익어가자. 늦었다고 생각하는가? 내 나이가 어때서? 책읽기 딱 좋은 나이지 않은가!

가을이 익어간다. 붉게 물든 단풍만큼이나 이쁜 사과가 나에게는 한 입 베어 물고 싶은 사과지만 기회의 눈으로 보는 이에게는 역사적인 사과가 된다. 너무도 흔한 사과 한 알이 인류의 역사를 바꿔놓았다는 걸 알고 있는가!

기회는 누구와 만나는가에 따라 전혀 다른 결과를 낳게 된다. 아담이 만난 사과는 선과 악의 선택이라는 자율권을 만들었다. 로마신화에 나오는 파리스의 사과는 트로이 제국을 멸망의 길로 이끈다. 빌헬름 텔의 사과는 스위스 독립운동에 불을 지피게 한다.

뉴턴의 사과는 근대 과학발전에 큰 영향을 미친 만유인력의 기초가 되었다. 긍정적 눈을 가진 자에게 기회는 지천으로 널려 있다. 오늘도 우리에게는 기회의 신 크로노스가 머리카락을 휘날리며 지나가고 있다. 기회를 낚아채든 흘려 보내든 그것은 당신에게 달려있다.

지천으로 널려있는 이 기회를 어디서 찾을 것인가? 필자는 단연코 잘 익은 사과처럼 우리의 인생 후반전을 익어가게 할 사과는 잘 익은 인문 고전이라고 말하고 싶다.

자존감을
높여
익어가자

당신의 가치관을 측정하는 사람은 누구인가? 당신 자신인가? 다른 사람인가? 당신은 누구에게 영향을 받기를 원하는가? 당신은 자신에 대해서 어떻게 생각하는가? 현재 자신의 모습에 불만은 없는가? 자신의 모습에 불만이 있다면 개선하려고 노력하는가?

　자신에 대한 당신의 감정과 평가가 곧 자존감이다. 자존감의 정도가 인생의 주도권을 결정하게 된다. 언제부턴가 자존감이 중요하다고 말한다. 자존감의 가장 기본적인 정의는 '자신을 어떻게 평가하는가'self-esteem다.

자존감은 자신을 높게 평가하는지 또는 낮게 평가하는지를 말한다. 자존감에는 세 가지 기본 축이 있다. '자기효능감', '자기조절감', '자기안정감'이다. '자기효능감'은 자신이 얼마나 쓸모 있는 사람인지 느끼는 것이며, '자기조절감'은 자기 마음대로 하고 싶은 본능을 의미한다.

'자기안정감'은 자존감이 바탕이 된다. 안정하고 편안함을 느끼는 능력이다. 유난히 혼자 있는 것을 힘들어하는 사람은 안정감을 느끼지 못하기 때문이다. 스스로 쓸모없다고 느끼거나, 자기조절을 못 하거나, 마음상태가 안정되지 않은 사람은 자존감이 낮아 자신을 사랑하기 어렵다.

자신을 사랑하지 않는 사람은 남을 사랑하기도 어렵다. 지나치게 자신을 높게 평가하는 사람은 '자기애성인격장애인'^{나르시스트}이다. 근거없는 자신감을 갖는 '자뻑남', '자뻑녀'이다. 겉으로는 거만한 척하지만 속으로는 노심초사한다.

자존감은 우리가 하는 말, 행동, 판단, 감정 등 모든 것에 영향을 미친다. 자존감은 정신건강의 척도라 할 수 있겠다. 자존감은 사회 환경과 밀접한 관련이 있다.

끊임없이 타인과 비교하며 열등감이 생길 수 있다. 자신감이 지나쳐 자만해질 수도 있다. 건강한 자존감을 유지하는 방법은, 수시로 나 자신에게 묻고 확인해 평정을 유지하는 거라 생각한다. 나이 들면서 '쫀쫀해진다, 소가지가 밴댕이다, 사람이 변했다, 쫌생이다' 같은 말들을 주위에서 듣기도 한다.

나이 들면서 변한 것도 맞다. 쫌생이도 생각에 따라서는 맞다. 변한 것이 아니라, 성숙된 것, 신중해진 것, 알뜰해진 것 아닐까? 다른 사람의 시선을 의식하지 말자.

어른 역할을 하자니 좀 더 생각하고 말하게 된다. 신중하게 생각하고 말하려니, 우물쭈물로 보인다. 말의 책임을 생각하니 신중할 수밖에 없다. 우리는 스스로를 책임지고자 한다. 우리는 자존감이 높은 사람이다.

높은 자존감을 가진 사람은 잠재력을 자유롭게 활용할 수 있는 사람이다. 가치 있는 자신을 위해 그 이미지에 일치하는 행동을 하고자 노력한다.

자존감이 높은 사람은 자신의 존재가치에 대해 긍정적인 확신을 갖는다. 자신이 하는 일에 자신감을 갖고 잘못이나 실패에 대해서 지나치게 집착하지 않는다. 자신이 하는 일에 긍정적이며, 감사하게 생각한다.

스스로 자신을 귀하게 여기게 된다. 자존감을 높이는 방법은 자신의 가치와 중요성을 인지하는 것이다. 우리는 주부역할과, 부모역할, 자녀양육 등 60년간 수많은 일들을 경험했다. 맡은 역할들을 충분히 감당한 사람으로 높은 자존감을 갖기에 충분하다.

내 뜻이 아닌 다른 사람의 뜻에 따라 내 삶이 결정되고 변화되게 해서는 안 된다. 모든 일에 있어 나의 의지로 스스로 선택해야 한다. 변화가 급속히 진행되고 있는 현실에 안주하는 삶의 선택은 위험한 선택이다. 용감하게 부딪혀야 한다. 변화하고 성장하는 삶이 자존감을 높이는 방법이다.

우리의 귀중한 삶을 포기할 수 없다. 선택이란 신이 인간에게 부여한 최대 능력이다. 중심을 잡고 자신을 믿는 최선의 방법을 선택하자. 새로운 변화에 직면하게 될 때, 자신의 존재가치에 긍정적인 확신이 없는 사람은 외부의 통제에 영향을 받게 된다.

자율성이나, 선택의 자유를 잃게 될 때 다른 사람이 내 인생의 주인이 된다. 의존적인 삶을 살면 자존감이 낮아진다. 자기 자신을 신뢰하고 지지함으로써, 더 많은 자유와 안정감을 갖게 된다. 자존감이 높은 사람은 시시각각으로 다가오는 갈등과 걱정을 능히 이겨낼 수 있다. 자존감이 높은 사람은 스스로에게 확신을 주기 때문이다.

자존감이 높은 사람은 자신감이 강하다. 모든 일에 당당할 수 있다.

자존감이 높은 사람은 자신의 신념을 자신에게 물어본다. 정보가 넘쳐나는 세상, 너무 많은 것들이 바뀌어 가고 있다.

앞으로 어떻게 살아가야 되는지, 어떤 길이 맞는 길인지, 인생 후반전을 사는 우리는 수시로 묻고 확인해야 한다. 환경의 변화로 우리가 알고 있던 고유의 정체성마저 변하고 있다.

흔들리지 않는 건강한 마음이 자존감이 높은 사람이다. 이제 스스로 자존감을 지켜야 하는 나이다. 진짜 행복은 건강한 자존감에서 나온다.

늙어가는 것이 아니라, 익어가는 인생이란 계속 성장하고 발전하려는 용기 있는 모습이다. 삶에서 오는 어려움, 고통, 속박 등에 굴하지 않고 여유롭게 대처해 나가는 높은 자존감이 익어 가는 삶에 뒤따라오는 열매다.

우리는 익어갈수록 여유를 가지고 행복하게 살도록 축복을 받은 존재다. 삶의 여유를 갖자. 삶의 여유를 갖지 못함으로 인생에서 중요한 것을 잃고 있는 경우가 많다.

여유로운 눈으로 우리 주위에 있는 아름답고 활기찬 세계를 바라보게 될 때, 세상은 밝고 유익한 것임을 알게 된다. 삶의 여유를 갖고 자존감 높은 삶을 누리자. 우리의 삶은 늙어 가는 것이 아니라 향기롭게 익어 가는 중이다.

진짜 공부로
익어가자

진짜 공부로 내면에 잠자고 있는 거인을 깨우자. 진짜 공부란 내가 필요해서 하는 공부다. 내가 성장하고 변화되는 공부다. 진짜 공부의 가장 좋은 방법은 남의 책을 많이 읽는 것이다. 남이 고생하여 얻은 지식을 아주 쉽게 내 것으로 만들 수 있고 그것으로 자기발전을 이룰 수 있기 때문이다.

水漿船庫^{수장선고}란 '물이 많으면 배가 올라간다'란 뜻이다. 내 공이 쌓이면 저절로 그 사람의 수준이 올라가게 되어있다. 역량을 쌓고 자질을 훌륭하게 갖춘다면 그 사람은 누가 뭐라고 해도 빛이 날 수밖에 없다.

말리의 만딩고 부족 밤바리족에게는 노인들이 다시 일곱 살이 되는 의식이 있다고 한다. 다시 한번 새롭게 도전하라는 의식이다. 한 회갑을 맞은 60대는 다시 1살부터 시작한다. 마치 아무것도 모르는 것처럼, 늘 초심에서 출발하는 것처럼 다시 한번 세상에 우리를 내놓고 배움에 몰두해 보자. 배움에서 아직 퇴장할 때가 아니다. 포기를 포기하자.

행복하게 나이 먹는 비결은 자기에게 부여된 나이에 신경쓰지 않는 것이다. 스스로 나이의 한계에 갇히지 않는 것이다. 좋아하는 일, 할 수 있는 일을 최대한 늦게까지 하자. 흔들림 없이 자기 힘을 시험하자. 그저 오래만 살 것인가? 치열하게 살 것인가? 늘 새로움으로 변화할 것인가? 옛것에 안주할 것인가?

평균수명 100세다. 당신은 젊음의 시간이 길어졌는가? 노년의 시간이 늘어났는가? 늙음이 늘어난 시간으로 살지 말자. 젊은 인생의 시간이 길어진 것처럼 살자. 나의 욕망을 찾자. 신분을 바꾸자. 예전 배운 지식을 사용하는 '옛날사람' 신분에서, 새로운 것을 배워 사용하는 '학생의 신분'으로 바꾸자.

배움은 삶을 활기차게 만든다. 당장 죽을 듯이, 영원히 죽지 않을 듯이 배우라고 충고한다. 우리에게 남은 시간은 무르익는 시간을 지나 성숙해지는 시간이다. 성숙은 변화를 동반한다.

긴 여행을 떠나기 너무 늦었다, 공부하기에 시간이 없다, 새로운 것을 배우기는 너무 피곤해, 이제 와 내가 뭘 하겠어? 등등 이러한 패배적 알리바이는 필요없다. 담대함이란 숙명을 이기는 힘이다. 진짜 공부로 인생의 제2황금기를 제1황금기인 청년 열정으로 채워보자.

공부가 깊어져 삶을 바라보는 시선이 새로워지는 순간, 우리는 진정한 자유를 맛보게 된다. 타인을 위한, 타의에 의한 공부가 아닌 자유로운 인생을 위한 자기 공부가 진짜 공부다.

어른 공부는 자신의 사고와 의식을 도약시킨다. 공자의 말씀처럼 '학이 시습지 불역열호學而 時習之 不亦說乎'다. 배우고 때때로 익히면 이 또한 기쁘지 아니한가!

생물학적 나이가 60대라도 진짜 공부를 하고 있다면 20대 청춘이다. 100세 시대 긴 인생에 공부하지 않고 어떻게 살려 하는가? 공부만이 생존 전략이며 탁월함에 이르는 유일한 수단이다.

알아야 할 것을 벌써 알고 있다고 착각할 때 외부의 조언을 받아들이지 않게 된다. 많이 배운 사람보다, 많이 배우는 사람이 되자. 진정한 배움은 완료형이 아니라 진행형이라고 세계의 석학들은 말한다.

가진 도구가 망치 하나뿐이라면 모든 문제를 못으로 보게 될 것이다.
<마크 트웨인>
변혁의 시대에는 배우려는 사람들이 세상을 물려받게 되어있다.
<에릭 호퍼>
가장 현명한 사람은 배우고자 하는 사람이다. <탈무드>
궁지에 몰렸음에도 공부하지 않는 자는 가장 어리석은 자다. <공자>

천하를 얻는 것은 말 위에서 이뤄지지만 천하를 다스리는 것은 책상 위에서 이뤄진다고 한다. 지금 살아가는 모습은 과거에 내가 심은 씨앗의 결과이다. 나의 미래는 공부하는 현재의 모습에 달려있다.

우리는 생각하는 대로 변화되는 존재다. 어떤 생각을 하느냐에 삶이 달라질 수 있다. 작은 생각은 작은 인생을, 큰 생각은 큰 인생을 살게 한다. 마음의 찌꺼기 같은 생각들을 크게 버려야 크게 얻는다. 심기일전하여 사소한 마음의 잡동사니로부터 자유로워지자.

우리에게서 나간 것은 반드시 되돌아온다. 인생은 부메랑과 같은 것이다. 타인의 무례한 행동은 먼저 내가 무례한 행동을 했기에 돌아온 것이다. 말과 행동은 반사해 주는 거울이다. 진짜 공부는 나를 비추는 거울이다.

과거의 일은 아무리 사소한 것이라도 바꿀 수 없다. 하지만 미래는 내 의지의 실행력으로 적극적으로 개척해 나갈 수 있다. 진짜 공부가 앞으로 삶의 안내자이며 등불이다.

육체의 노화는 자연의 몫이지만 생각의 노화는 자신의 몫이다. 서른 노인이 있는가 하면 팔십 청춘도 있다. 나이가 많다고 어른이 되지는 않는다. 『논어』에 '학즉불고學則不固'란 말이 있다. 공부하면 완고해지지 않는다는 뜻이다. 자신의 좁은 시각에 사로잡히면, 완고한 사람이 되기 쉽다. 배움이란 고정관념에 얽매이지 않는 것이다.

자신의 생각에 갇힌 고집불통이 되는 것이 아니라, 유연한 사고를 할 수 있다는 것이다. 한번 입력된 생각을 바꾸기는 쉽지 않다. 생각을 끊임없이 돌아봐야 하는 이유다.

시대변화에 따라 문화도 많이 바뀌었다. 현상유지는 퇴보하는 시대가 되었다. 급변하는 시대에 공부하지 않고 머물러 있다면 고집불통이 되기 쉽다. 시대변화에 맞게 끊임없이 생각을 돌아보자.

어른답게 잘 살아간다는 것은 쉽지 않은 일이다. 나는 누구인가? 이 질문에 대한 답은 진짜 공부에 있다. 진짜 공부야말로 늙지 않고 익어가는 비결이 아닐까?

진짜 공부로 청춘의 열정을 갖자. 모르는 것은 부끄러운 것이 아니다. 알려고 하지 않는 것이 부끄러운 것이다. 다음 문장이 진짜 공부를 말해준다.

누군가에게 배웠다는 것을 숨기지 마라. 당신이 읽은 모든 책은 스승이며 그 작가들은 당신의 사부다. <김병완>

자신감을 회복하자. 할 수 있다고 생각하는 사람이 되자. 패배한다고 생각하면 어김없이 패배한다. 용기가 없어 도저히 할 수 없다 생각하면 절대 시도조차 못 한다. 실패할 것이다 생각하면 이미 실패한 것이다.

이 세상의 성공은 자신의 의지에서 비롯된다. 일의 성공여부는 온전히 자신의 생각 속에 있기 때문이다. 자신이 뛰어나다고 생각하면 뛰어나게 될 것이다. 성공하려면 자신을 먼저 믿어야 한다.

최후 승자는 반드시 승리할 수 있다고 생각하는 사람이다. 생각대로 살지 않으면 사는 대로 생각하게 된다. 진짜 공부로 올바른 생각을 갖자. 잘못된 생각들을 다듬고 수정하자. 생각이 바로 당신이다.

오늘 하는 생각이 내일 삶의 모습을 결정한다. "나는 최고다"라는 생각의 힘으로 최고의 삶을 살아가자. 진짜 공부로 나를 알아가자. 진짜 공부는 올바른 생각을 하게 도와준다. 올바른 생각으로 깊이 있게 익어가자.

CHAPTER 4

눈부신 인생을 사는 시니어 혁명 5법칙

SECTION. 1

1법칙 :
이기적으로
행복하자

"어리석은 사람은 행복을 먼 데서 찾는다.
현명한 사람은 행복을 자신의 발밑에서 찾는다."
〈제임스 오펜하임〉

오늘 발밑의 행복을 보았는가? 혹시 "행복은 내 주변 가까이 있을 그런 가치 없는 것이 아니야"라고 하며 핑크빛 행복이 찾아와 주길 기다리는가? 내 주위에 널려있는 행복을 부정하며 언제 올지 모르는 막연한 행복을 기다리는가?

행복이란 기쁨과 만족감을 느껴 흐뭇한 상태, 복된 좋은 운수에 따라오는 감정이다. 똑같은 상황이라도 내가 행복하다고 상대도 행복하지는 않다. 내가 만족한다고 상대방이 만족하는 것도 아니다. 행복은 내가 만드는 것이다. 행복은 내가 선택하는 것이다.

인간은 행복해야 할 이유가 있다. 창조주는 인간을 이 세상에 보냈을 때 사명을 부여했다. "생육하고 번성하여 땅에 충만하라"고 행복 추구권을 권리인 동시에 의무로 주었다. 인간의 권리와 의무인 행복을 어떻게 누릴 것인가? 보이지도 않고 잡히지도 않는 행복 어떻게 내 것으로 만들겠는가?

성경에 자기 행복을 위해 하나님과 싸워 이긴 인물이 있다. 철저한 이기주의자 야곱은 자기 행복을 쟁취하기 위해 하나님과 겨루어 이긴 자다. 행복을 찾고자 나서는 순간 신도 막을 수 없었다!

야곱은 얍복강 나루에서 하나님의 천사와 날이 새도록 씨름하다가 "내게 축복하지 아니하면 못 보낸다."라고 떼를 쓰니, 하나님께 네 이름을 앞으로 "야곱이라 부르지 말고 이스라엘이라하라." 하고 축복을 받았다.

행복을 위해 환도뼈가 어긋나도록 싸우니 하나님도 그를 막을 수 없었다. '이스라엘'의 뜻은 '하나님과 겨루어 이김'이다. 사람의 이름이 한 나라의 이름이 된 것이다.

우리는 행복해야 할 의무와 권리가 있다. 이기적으로 행복하자! 나에게는 다른 사람을 행복하게 만들 책임이 없다는 걸 명심하자. 그들을 행복하게 만드는 것은 그들 자신이다. 다른 사람을 행복하게 해주는 것을 자신의 의무처럼 생각하면 행복할수 없다.

가령 가족 중 한 사람이 불행하다고 느낄 때 같이 우울해지는 경우가 많다. 가족 공동체로 불행해지는 종속형 인간이 아니라 행복을 주도하는 사람이 되자. 행복을 나누는 사람이 되자.

자신의 삶을 조용히 들여다보자. 6개월 시한부 인생을 살고 있다고 가정해 보자. 마지막 남은 시간에 하고 싶은 일은 무엇인가? 당장 그 일을 하자.

입버릇처럼 "~했으면 좋겠어." "~하길 원해" 하는 그 말들을 당장 행동에 옮기자. 미래형으로 두지 말고, 현재형, 더 나아가 이미 과거형이 되게 하자.

행복을 배려의 이름으로 소모하지 말자. 가족 공동체에 종속된 인간에서 더 나아가, 그 사람의 불행특히 자녀라면 원인을 제공한 것처럼 죄책감에 빠지기도 한다. 나의 감정 변화가 내 탓이듯 다른 사람도 마찬가지다.

행복은 자신이 만드는 것이다. 외부의 조건이, 환경이 만들어 주는 것이 아니다. 어느 날 갑자기 행운처럼 나타나는 것이 아니다. 행복은 내가 행복하기로 선언하고 선택하는 것이다. 누구도 내 행복을 막을 수 없다. 행복을 빼앗을 수 있는 사람은 아무도 없다.

행복은 환상이 아니다. 평범한 일상이 행복이다. 일상 속의 순간순간이 행복을 품고 있다. 현재의 한순간을 최대한 알차게 살자. 별일 없이 지낸 이 하루가 '행복'이라고 생각하고 감사하면, 많은 행복이 보이기 시작한다.

달라이 라마가 미국의 한 대학 강연을 마쳤을 때 청중이 물었다. "당신이 가장 행복했던 순간은 언제인가요?" 달라이 라마는 깊은 생각 후 대답했다.

"없습니다. 너무 많은 행복한 순간들이 있었습니다. 매 순간이 행복이었습니다. 그래서 언제가 가장 행복했던 순간이었는지 말할 수가 없습니다."

그렇다! 나를 둘러싸고 있는 사소한 것들이 다 행복이다. 이제 스스로 만들고 있는 의무에서 벗어나자. 역할에서 벗어나자. 행복 이기주의자가 되자. 행복은 선택하는 것이다. 오롯이 내가 행복할 권리를 선택하자.

누구도 내 행복을 가져다주지 않는다. 누구도 내 행복을 침해할 수 없다. 행복은 내가 찾는 것이다. 외부 조건이 행복을 주는 것이 아니다.

사소한 행복 하나를 깨달으면 '나비효과'처럼 큰 행복을 찾게 된다. 작은 나비의 날갯짓이 파동을 일으켜 바다 건너 태풍을 일으킨다. "난 행복하다"라고 선포하자. 선포하는 순간 멀리 있던 행복이 쓰나미처럼 몰려올 것이다. 눈사태처럼 몰려올 것이다.

이기적으로 행복하자. 우리는 누구에게 종속된 사람이 아니다. 행복에 겉도는 주변인이 아닌 행복한 이기주의자다. 눈부신 인생을 사는 시니어 혁명가다.

눈이랑 손이랑 깨끗이 씻고
자알 찾아보면 있을거야
깜짝 놀랄만큼 신바람 나는 일이
어딘가에 꼭 있을거야
바위 틈새 같은데에 나무구멍 같은데에
행복은 아기자기 숨겨져 있을거야
<허영자>

시인의 말처럼 무심코 지나쳐 버린 행복을 새로운 눈으로 자알 찾아보자. 바위틈새에 내버려져 있던 나의 행복 보물찾기 놀이를 시작하자.

2법칙 :
움직이고
건강하자

우리 몸이 나이 먹었다는 이유만으로 무기력해지고, 쇠약해진다는 것은 부동의 법칙이 아니다. 노화가 만병의 근원이라는 일반적 통념은 단적으로 틀렸다.

심지어 과학조차 노화 현상이 언제부터 우리 몸에 나타나는지 정확히 정의하지 못한다. 나이를 먹으면 언제나 자동으로 몸이 쇠약해진다는 믿음은 착각이다. 착각은 버리자.

고정관념을 문제 삼을 줄 아는 마음가짐은 건강함을 누릴 필수 조건이다. 고정관념을 무너뜨릴 때 우리는 강력한 생명력의 원천에 이른다. 다르게 생각하는 용기를 가지자. 나이를 먹으면 건강이 더 좋아진다고 믿자. '믿음은 바라는 것의 실상이요. 보이지 않는 것의 증거'라는 성경 말씀처럼 건강에 대한 믿음을 갖자.

통념에 사로잡혀 그저 체념하는 삶을 사는 사람들, 무릎이 아프니 걸을 수 없다고? 무릎은 더 아파질 것이다. 기운이 없어 걷고 싶지 않다고? 움직이지 않으니 점점 기운이 급속히 빠져 생기라고는 찾지 못할 것이다.

건강의 나쁜 기운이 연관되어 여기 저기 삐걱거리는 소리가 들려올 것이다. 그럴수록 움직이자. 맥박을 뛰게 하고, 피를 돌게 하고, 숨 가쁘게 깊은 숨을 쉬게 하자. 온몸에 활기를 불어넣자.

서울삼성병원 정신건강의학과 홍진표 교수 연구팀이 국내 거주 15세 이상 75세 미만 남녀 1700명을 대상으로 연구한 것에 따르면, 사회적 고립감이나 외로움을 호소한 사람은 건강도 나쁘다고 평가되었다.

외로움을 호소한 응답자의 절반[52%]이 '자살을 생각해 본 적 있다'고 답했다. 그렇지 않다고 답한 응답자의 5배가 넘는 결과다. 외로움이나 고립감 같은 감정적 취약점은 건강과 직결된다. 건강해야 외로움, 고립감에서 해방된다. 외롭지 않게 관계를 맺자. 그러려면 움직여야 한다. 움직여 건강하자.

65세 때 운동 능력이 기대수명에 영향을 끼친다고 한다. 지금부터 충분한 운동으로 근육을 키우는 등 운동기능을 좋게 만들어야 한다. 운동기능은 기대 수명을 예측할 수 있는 중요한 지표다. 행동이 느릴수록, 걸음속도가 느릴수록, 기대수명이 짧아진다.

우리는 지금도 청춘이다. 나이든 척하지 말자. 나이 많은 것이 자랑인 시대는 끝났다. 건강한 몸으로 눈부신 인생을 살 자격이 충분하다. 움직여 활력을 찾자. 삶의 활력으로 빛나는 사람은 건강은 물론이고, 덤으로 자신감, 열정, 활력, 젊음이 따라온다.

현대의학을 토대로 볼 때 체온이 1도 상승하면 면역력이 5~6배 높아진다. 열이 나는 것은 면역체계의 활동성을 높여 체내 노폐물을 태우기 위해서다. 열이 나면 몸속 노폐물이 연소

되어 피가 맑아진다. 체온이 높아 혈액순환이 잘되면 체내의 신진대사가 원활하게 되어 자연치유력이 충분히 발휘된다. 세균이나 질병이 쉽게 넘보지 못하는 몸이 된다.

열정이 있는 사람은 실제로도 체온이 높다. 활동을 많이 하기 때문이다. 몸에 열이 나는 것은 면역력을 강화시키는 행위이다. 많이 움직이면, 결과로 면역력이 높아지고, 건강해지는 것이다.

많이 움직이고 건강한 사람은 숙면을 취한다. 숙면은 백혈구가 왕성하게 활동하게 하여 천연치료제를 만든다. 매일 적당한 운동과 햇빛 아래 걷기로 스트레스를 해소하고 건강한 몸을 유지하자.

건강은 환한 미소를 선물한다. 도움의 손도 내밀 수 있다. 건강하지 않아 도움을 받는 사람이 될 것인가? 내 몸 건강하여 도움을 주는 사람이 될 것인가? '긴 병에 효자 없다'란 말, 한번쯤은 직·간접으로 경험해 본 말이다. 젊어 안 쓰고 애써 모은 돈 늙어 아파서 병원비로 다 쓰는 경우를 많이 봤다. 이렇게 억울하고 가치 없게 돈 쓰지 말자.

우리 모두에게는 각자가 스스로 편안하고 익숙하다고 느끼는 영역Comfort-Zone 혹은 활동 범위가 있다. 우리는 이 영역 범위 안에 있을 때 편안함을 느낀다. 하지만 원하는 목표는 편안하게 느끼는 범위를 벗어나 있는 경우가 많다.

건강을 위해 좀 더 운동량을 늘려야 하고, 몸무게도 줄여야 하고, 독서량도 늘려야 하고, 부정적인 생각 안 하기, 몸에 좋은 음식으로 식단 바꾸기 등등.

원하는 목표는 대체로 편하다고 느끼는 범위 밖에 있다. 시도해 보지만 몸이 불편하니 작심 3일로 끝을 보지 못한다. 실패하는 내 모습을 내 눈으로 확인하는 연속이다. "역시 내가 뭘 어쩌겠어." 실패하는 내 모습이 당연하다고 너그럽게 인정하면 안 된다.

컴포트 존을 벗어나야 발전된 나를 만날 수 있다. 목표를 이루기 위해서는 불편함을 감수해야 한다. 과감한 도전으로 시도해 보지만 동기나 의지력이 더 이상 지탱해 주지 못하는 순간이 오면 재빨리 안전지대로 돌아온다. 그래서 평생 다이어트를 입에 달고 산다.

이런 실패의 기억을 만들지 않는 좋은 방법으로 작은 습관을 추천한다. 작은 습관은 가장 쉽게 정할 수 있는 작은 행동을 '하루 한 번' 하는 것이다. 이 작은 시작은 생각하는 것보다 큰 영향력을 미친다고 한다.

하루 한 번 하는 작은 습관은 우리 몸이 편안함을 느낄 뿐 아니라 매일 하는 것에 대해서도 긍정적으로 받아들이게 한다. 앞으로 횟수를 늘리거나 점차 강도를 늘려가는 것에 몸이 거부감을 덜 느끼게 된다.

일단 첫걸음만 떼면 중간에 멈추는 것도 쉽지 않다. 자신이 뭔가 행동하고 있음을 지켜보는 것만큼 동기와 의욕이 샘솟는 일도 없다. 새로운 작은 습관이 생기면 원하는 목표를 확대시켜 나갈 수 있다.

옛말에 우리가 많이 들어온 '천 리 길도 한 걸음부터'라는 말이 있다. 이제라도 늦었다 생각 말고 작은 습관 들이기를 해보자. 중도에 포기할 수 없을 만큼 부담 가지지 않는 아주 작은 습관을 만들자.

'처음은 미약하나 나중은 창대하리라'라는 성경 말씀도 있다. 뭔가 하지 않던 새로운 것을 시도하려면 우리는 거부감을 느낀다. 또 조금 더 하려고 할 때 우리 뇌는 싫다고 고집을 부린다.

급격한 변화에 우리 몸이 거부감을 보이지만, 천천히 한 번에 한 걸음씩 변화한다면 뇌를 거스르지 않고 살살 달래 가면서 원하는 변화를 이뤄 낼 수 있다. 작은 습관으로 우리 몸과 뇌를 속여 원하는 건강한 몸을 만들어 보자.

자기효능감self-efficacy이란 어떤 결과에 영향을 미칠 수 있는 '자신의 능력에 대한 믿음'을 뜻한다. 자기효능감은 운동을 시작하고 꾸준히 지속하는 데 영향을 미친다고 한다. 병을 치료할 목적으로 운동을 할 필요가 있는 사람뿐 아니라 단순히 운동을 하고 싶어 하는 사람에게도 적용된다.

자기효능감은 목표를 달성하고 습관을 형성하는 데 도움을 준다. 심리학자 앨버트 밴두라Albert Bandura는 '필요한 능력이 부족한 경우에는 기대만으로 원하는 성과를 거둘 수 없다. 자기 자신을 믿는 것만으로 충분치 않다'고 말한다.

우울증, 약한 의지력, 반복되는 실패 등은 기본적인 자기효능감이 부족하여 발생하는 것이다. 실패할 것이라 생각한다면 긍정적인 결과를 얻기 힘들다. 작은 습관은 자기효능감을 높일 수 있다. 매일 성공을 거듭하다 보면 자기도 모르게 자기 효능감이 상승한다.

작은 습관은 자기 자신을 믿는 연습도 할 수 있다. 습관은 인간이 가질 수 있는 가장 강력한 행동의 기반이기 때문이다.

아파서 병원치료로 회복되는 건강은 마이너 건강이다. 건강할 때 움직이자. 운동하여 심신이 건강한 메이저 건강을 추구하자. 아프면 아플수록 본인의 형편과 처지에 맞게 햇빛 아래 움직여서 적극적으로 건강을 찾자.

높은 하늘이, 맑은 공기가, 기분 좋게 스치는 바람결이 우리를 부른다. 부지런히 움직여 건강하자. 건강하게 눈부신 인생을 살아 보자.

3법칙 :
자식에게
의존하지 말자

가정이라는 둥지는 자녀가 자랄 수 있는 멋진 곳이다. 그러나 둥지를 떠나는 것은 더 멋있는 일이다. 떠나는 자식의 입장이나, 떠나는 것을 지켜보는 부모의 마음에도 흐뭇한 일이다. 자녀를 독립시킨다는 것은 매우 효율적인 삶을 추구하는 것이다. 제대로 부모 노릇을 하는 것이다.

때로는 의지하는 자녀와 의존적인 관계를 단절하는 것이 두려울 수 있다. 자의든 타의든 내 마음이 자녀를 지배하고, 의존하면, 자녀 곁을 떠나야 한다. 부모는 끝까지 자녀에게 짐, 부담

이 아닌 꿈이 되기를 소망한다.

자식에게 의존하지 말자. 스스로 자유롭게 하라. 명령을 하지도 받지도 마라. 자녀뿐 아니라 어느 누구에게도 의존하지 않아야 한다. 현실은 녹록지 않다.

금전적으로 독립해야 한다. 손 벌리는 일이 없도록 경제적 독립을 하자. 돈을 달라고 말해야 하는 처지라면 의존할 수밖에 없다.

자립은 사랑을 강요하지 않는다. 정신적 의존으로 이루어진 관계는 자신에게 선택권이 전혀 없는 관계다. 하고 싶지 않은 일을 해야 하는 그 상황은 화가 치민다. 의무관계는 죄책감과 의존을 만들고, 선택권은 사랑과 자립을 키운다.

자녀와의 관계에서 '자립 선언서'를 스스로 작성하자. 의존하지 않겠다고, 미련 갖지 않겠다고 선언하라. 중요한 것은 미련과 사랑을 혼동하지 않는 것이다. 자녀에게 미련을 갖고 있는 것이 자녀를 사랑하는 것이라는 오류에 빠질 수 있다.

자신이 부모 역할 잘하고 있다는 착각에 빠질 수도 있다. 성장한 자녀에게 미련을 떨쳐버리지 못하면, 겉으로 보기에 지극한 모성애로 보일 수 있다. 실상은 의존적인 상황에 머물면서 자녀의 행복과 성취의 적이 된다.

부모는 기대야 할 존재가 아니라, 기대는 것을 불필요하게 만들어주는 존재다. 또한 부모는 자녀에게 짐이 되어서도 안 된다. 부모는 자녀에게 꿈이 되어야 한다. 부모는 자녀가 둥지를 떠나는 일을 의당 거쳐야 할 자연스런 일이 되게 할 수도 있고 서로에게 지워지지 않는 마음의 상처를 남기는 '사건'이 되게 할 수도 있다.

부모 역시 한때는 자녀였다. 미련을 갖지 않는 부모는, 엄마와 아내의 역할을 넘어선 자신만의 생활이 있다. 오로지 자녀를 위해, 자녀를 통해 자신의 삶을 살아가는 것이 아니라, 자녀에게 제대로 잘 살아가는 본보기를 보여야 한다.

의존하지 않는 부모는 자기자신의 행복을 최우선으로 생각한다. 이런 부모는 자녀에게 책임감을 종용하지 않는다. 자책감을 종용하거나, "내가 너를 어떻게 키웠는데" 하고 부모의 권한으로 조종하려는 수도 부리지 않는다. 성장한 자녀가 의무적으로 집에 들르길 바라지 않는다. 자녀와 손자가 찾아와 삶의 낙을 제공해 주길 기다릴 틈이 없다.

자녀에게 미련을 갖지 않는 부모는 자신감과 자긍심을 키우려면 '젊어 고생은 사서도 한다'는 것을 알기에 자기가 겪었던 어려움을 피하게 하지 않는다. 시행착오를 줄여 주겠다고, 자녀의 능력을 한계 지어서는 안 된다. "내가 해 봐서 아는데 그건 아니다" 하고 자녀가 하고자 하는 일에 자신이 실패한 경험을 적용시켜서는 안 된다.

내가 성공하지 못했다고 자녀가 성공하지 못하란 법은 없다. 자녀와 나는 엄연히 다른 능력의 소유자다. 시간이 지난 후 자녀에게 원망의 말을 듣게 될 수도 있다. "내가 그때 그 일을 하고 싶었는데 엄마가 못 하게 해서 성공의 길을 가지 못했다고." 자녀가 귀중한 경험을 할 수 있는 기회를 빼앗지 않아야 한다.

실패 없는 성공은 없다. 우리는 한 우물을 파는 세상에 살았다. 우리 자녀들은 원태스킹보다, 멀티태스킹에 능한 세대다. 동시다발적, 여러 개의 직업이 가능한 'N잡러' 시대에 살고 있다.

우리의 경험을 자녀에게 적용해 조언하면 시대착오다.

혼자 힘으로 어려움을 헤쳐 나가고자 하는 자녀의 노력을 바람직하게 여기자. 의지를 꺾지 않는다. 성장 과정에 도움을 줄 뿐 부모로서의 횡포를 부리지 않는다. 성장한 자녀를 끝까지 책임지려고 해서는 안 된다.

만약 부모가 자녀를 자신보다 더 중요하게 여긴다면, 그 부모는 전혀 도움이 안 되는 부모이다. 자녀에게 자신보다 다른 사람을 우선시하도록, 본인의 역량을 발휘하지 못하도록 가르치는 셈이다.

자녀들은 자신감 넘치는 부모를 바라보고 직접 체득해야 된다. 부모도 자기자신을 가장 소중히 생각하고, 자녀들을 위해 늘 스스로 희생하지 않음으로써 자녀들이 자신감을 갖도록 가르쳐야 한다.

자신을 희생하는 부모는 희생적 태도의 본보기밖에 안 된다. 부모는 아낌없이 주는 나무가 아니다. 그렇게 되어서도 안 된다. 우리는 우리의 삶을 살아야 된다.

우리 세대는 부모에 대한 의무와 자녀에 대한 책임이라는 양 날의 검을 스스로 장착한 '샌드위치' 세대다. 우리 세대는 자신을 희생하고, 남을 배려하고, 대를 위해 소는 희생하는 것이 당연하다고 배웠다. 개인의 의견은 다수의 의견에 묻혀 버렸다. 특히 여자의 목소리는 무의미하였다. 순종이 미덕이고 희생하는 삶이 바람직한 삶의 본보기로 알았다.

　자신을 배려하는 것은 이기주의자로 비판받아 마땅했다. 베이비 부머 세대는 부모부양의 책임에서 자유로울 수 없고 내 자녀를 넘어 자녀의 자녀까지 에프터서비스를 당연시하고 있다.

　나는 좀 쉬고 싶을지라도, 무릎이 아파도, 허리가 아파도, 무거운 손주를 사랑의 이름으로 번쩍번쩍 들어 올린다. "아~고고" 신음소리 절로 날지라도, 나에게 계획이 있어도, 나의 시간을 포기하고 자녀의 부탁을 우선한다. 태어나지도 않은 손주를 미리 봐줄 마음의 준비가 이미 장착되어 있다. 나아가 자녀가 부모님이 시간도 많은데 아이 봐주지 않는 것을 불만으로 여기는 경우도 있다.

　눈부신 나의 삶을 살고자 하는 당신! 지금까지 우리는 '미덕'

이라는 이름에 우리를 '셀프 노예화'시켜 왔다. 세뇌되었던 의식에 혁명이 필요하다. 우리 몸속 깊이 뿌리내린, 희생과 양보는 아름다운 것이라는 노예정신. 노예는 다른 사람을 우선시하고, 자신은 좀 불편해도 상관치 않고, 다른 사람의 눈치부터 살피고 배려한다.

희생은 높이 살 만한 것이다. 그러나 자신을 희생하면서까지 남을 우선시한다면 때론 "이게 뭐 하는 짓인가?" 하는 회의가 온다. 부당함에 불쑥 화가 치미는 경우도 있다.

인생 60은 뭘 해도 딱 좋은 나이다. 자식에 연연해하지 않고 내 인생 살기 딱 좋은 나이다. 참으로 그동안 열심히 뛰어오지 않았는가! 누구보다 열심히 살아온 세대다. 가난을 풍요로 바꾼 세대다. 바쁘게 살아왔는데 나에게 남는 것은 무엇인가?

자식에게 미련 갖지 않고 의존하지 않는 어미곰을 보자. 어미곰은 아기곰들에게 사냥하는 법, 물고기 낚는 법, 나무 타는 법을 가르친다. 위험으로부터 몸을 지키는 법도 가르친다. 어느 날 본능적으로 아기곰을 떠날 때라고 생각하면, 아기곰을 나무 위로 쫓은 뒤, 뒤도 돌아보지 않고 떠난다. 어미로서

할 일을 다한 것이다.

어미곰은 격주 토요일마다 집에 다녀가라고 종용하지 않는
다. '내가 어떻게 키웠는데…' 배은망덕하다고 꾸짖지 않는다. 너
무 속상해 몸져 누울 거라고 협박하지도 않는다. 어미 노릇이란
새끼들이 자립하는 데 반드시 필요한 기술을 가르친 후 새끼 곁
을 떠나는 것을 의미한다.

내 인생의 주인은 나다. 노예화된 종속적 사고에서 독립하자.
자녀에게 의존하지 말자. 미련 갖지 말자. 정신적 자립은 반드시
자녀를 포함하여, 다른 사람의 도움을 필요로 하지 않는 것이다.

자녀에게 너무 헌신하여 나의 삶을 살 시간이 없다면 후회하
는 마음이 생기지 않겠는가? 또 내가 자녀에게 들인 그 많은 시
간들에 비해 자녀가 서운하게 한다 생각 들지 않겠는가? "내가
너를 어떻게 키웠는데" 하고 서러움의 눈물 흘리지 말고, 자녀로
부터 마음으로 독립하자.

우리 베이비부머세대의 자녀를 X세대, Y세대, M세대, Z세대
라고 한다. 이들의 사고는 아날로그인 우리와 다르다. 인터넷, 디

지털 공간에 익숙한 이들은 스마트폰을 일상의 도구로 사용한다. 서로 다름에 대해 인정하고, 선입견과 편견이 없는 것을 쿨하게 여긴다. 세상을 바꿀 수 있다는 자신감이 넘친다.

자신을 적극적으로 알린다. 인터넷에 사는 것이 익숙하다. 취미생활을 즐긴다. 소비력도 매우 높다. 우리가 배워온 문화적 정서가 다름에 때로 당황스럽다. 그들도 마찬가지다. 부모라고 강요하면 '꼰대'가 되는 것이다. 시대가, 문화가 다르다. 그들의 '쿨'함을 인정하자. 그들이 '쿨'한 것처럼 우리도 '쿨'하자.

누군가의 도움이 필요한 순간, 우리는 유약해지고 종속된 노예가 된다. 눈부신 나의 삶을 살고자 하는 우리, 자녀로부터 몸과 마음을 독립하자. 미련 갖지 말자. 나가자! 눈부신 나만의 인생이 손짓하고 있다.

∞

4법칙 :
새로운 것에
도전하자

그릿[Grit]이란 자신이 중요하게 여기는 일을 끝까지 해내는 능력, 열정적 끈기를 말한다. 펜실베이니아 심리학자 앤젤라 더크워스는 자신의 책 『그릿』에서 그릿이란 '목표를 달성하는 과정에서 실패와 역경만이 가득하여 진보가 없는 상태에도 끊임없이 노력과 관심을 유지하며 도전하는 것'이라 말한다.

우리는 근성이 있다! 눈앞에 당장 결과가 보이지 않더라도 성취를 향해 꾸준히 노력하는 것을 교육받은 세대다. 그릿 지수를 검사해 보지 않아도 상당히 높을 거라는 확신이 든다.

60을 살아낸 우리는 전후복구, 민주화, 금융위기, 외환위기, 20세기 한국의 위기를 경험하고 극복하면서 몸으로 경험한 산 증인들이다.

목표를 향한 집중력을 유지하는 끈질긴 힘과 능력이 그릿이다. 그릿 점수는 나이가 들수록 점점 높아진다. 얼마나 희망적인 메시지인가! 그릿이 높은 사람은 지속적 관심과 흥미가 있다.

자신의 일을 즐기고 관심 있는 일에 열정을 보인다. 그릿 점수가 높은 우리의 귀한 재능을 도태시키지 말자. 새로운 배움에 도전하자. 4차 산업이 몰려온다.

4차 산업은 더 이상 전문가의 영역이 아니다. 우리생활에 여러 모양으로 이미 들어와 있다. 새로운 문명을 배우지 않으면 편리함을 누릴 수 없다. 새로운 것에 도망가지 말자. 60을 살아온 힘으로 새로운 것들에 도전해 보자.

옛날 중국 송나라에 한 농부가 나무 그루터기 밑에 토끼 한 마리가 죽어 있는 것을 발견했다. 그루터기에 부딪혀 목이 부러져 죽은 것이다. 횡재를 한 농부는 그날부터 쟁기를 버려 두고

토끼가 다시 오기만을 기다렸다. 『한비자』의 '수주대토'라는 고사 이야기다.

이 고사는 자신이 경험했던 옛날방식에 집착하여 시대변화에 대비하지 못한 사람을 이야기한다. 자신의 경험을 새로운 미래를 전망하는 데 사용하는 사람은 시대를 앞서가는 사람이 될 수 있다.

남다른 생각으로 새로운 것을 만들어 내어 자신은 물론 인류의 발전을 앞당기게 된다. 반면 자신이 경험했던 사실에만 집착하면 자신도 모르는 사이에 시대에 뒤떨어지고 만다. 세상의 변화에 무관심하면 토끼를 기다리는 농부가 된다.

미래 성공의 적은 오늘의 성공이다. 새것을 얻고 싶다면 쥐고 있는 건 놓아야 한다. 과거의 핵심성공 요인이 오히려 패망의 주요인이 되는 경우를 가리켜 경영학에서는 '성공의 복수'(Revenge of Success)라 한다.

특히 큰 성공은 실패에 대한 잠재적 경고 사인이다. 수에즈 운하를 성공시킨 프랑스인 레셉스가 파나마에서도 같은 방식을 고수하면서 대실패한 사례가 있다. 이는 과거의 방정식에 집착한 성공의 함정에 빠졌기 때문이다.

장자의 '득어망전'得魚忘筌은 '물고기를 잡으면 통발을 버려라'라는 뜻이다. 쓰임을 다한 것에 미련을 두지 말라는 의미다. 과거에 성공으로 이끌었던 그 비결은 새로운 세계에서 먹히지 않는 것이다. 하루가 다른 급변하는 세상 속에서 새로운 공부가 어느 때보다 필요한 시기다.

우물 안 개구리에게 바다를 설명할 수 없다. 여름 곤충에게 겨울을 알려줄 수 없다. 자신의 경험의 한계에 갇혀있기 때문이다. 우리가 아는 지식의 한계를 벗어나자. 우물 안 개구리에서 넓은 바다로 가기 위해 노력하고 변화해야 된다. 평생을 자신이 사는 우물이 온 세상인 줄 알고, 우물에서 보는 하늘이 전부라고 살아가서는 안 된다.

우리에게는 빛나게 살아야 되는 목표가 있다. 인생 후반의 삶이 늙어가는 삶이 아니라 익어가게 해야 된다는 목표가 있다.

기억력은 새로운 것을 배울 때 가장 강화된다고 한다. 새롭고 도전적인 분야가 뇌를 자극해 활성화시킨다. 지금까지 한번도 해보지 않았던 일에 도전해 보자.

'인생은 연극이다'라고 말한다. 인생이 연극인데 못 할 것 뭐 있겠나? 경험해 보자. 춤도 배워 보자. 춤은 배우지 말고 그냥 춤춰 보자. 몸치라서 배우려고 하면 스트레스 받는다.^{필자의 경험이다} 내가 좋아하는 음악에 내 맘대로 춰보자. 한번도 안 해본 '짓'들을 해보자. 우리를 즐겁게 하는 새로움을 경험하여 내 몸의 에너지 주파수를 높이자.

내 인생인데, 그 정도도 내 맘대로 못 하랴! 혼자 여행도 떠나보자. 시니어 모델도 해보자. 오페라 아리아도 배워보자. 악기도 배워보자. 책도 써보자. 둘러보면 경험해 보지 못한 새로운 것들이 우릴 기다린다.

우리가 새로운 것을 받아들이는 데 주저하게 하는 것은 뭘까? 우리를 변화하지 못하도록 붙드는 행동을 스스로에게 하지 않는지 생각해 볼 문제다. 자신의 능력을 한계 짓는 말은 하지 말자. 말이 씨가 된다. 말에는 힘이 있다. '난 항상 그래왔어, 어쩔 수 없어, 난 원래 그래.' 나의 능력에 한계를 짓는 부정적인 말은 성장과 변화를 방해한다.

인생 후반전 지금껏 해왔던 방식대로 살아갈 작정인가? 이대로 조용히 우물 속에서 하늘을 바라보며, 늙어갈 것인가? 새로운 것에 도전하여 익어갈 것인가?

산업화 시대에는 노하우know-how, 어떻게 해야 하는지를 아는 것이 가장 중요한 가치였다. 지식 전문가 시대, 정보가 넘쳐나는 시대가 되면서 '가장 쓸모 있는 정보'가 어디에 있는지를 아는 노웨어know-where, 그 일을 가장 잘하는 사람이 누구인지를 아는 know-who가 필요한 가치가 되었다.

그러나 최근 성공을 위한 또 하나의 핵심적인 가치가 필요해졌다. 노와이다. know-why, 끊임없는 질문을 통해 일과 삶의 의미와 목적을 정확하게 아는 능력이다. 노와이를 아는 사람은 뚜렷한 삶의 철학이 있는 사람이 된다.

올바른 가치관을 가지고 변화의 시대에 자기성찰을 할 수 있는 사람이다. 과거 익숙함에 안주하려는 타성에서 벗어나자. 예전 지식과 경험에 묶여있던 끈을 풀고 끊임없는 질문으로 새로운 나를 만나자.

오늘날 변화의 속도는 옛날과는 도저히 비교할 수 없이 빠르다. 사람들은 이런 변화의 속도에 맞춰 움직인다. 만약 내가 그대로 있다면, 현상유지가 아닌 퇴보다. 요즘처럼 급변하는 세상 안에서는 어쩌다 한 번이 아니라, 매일 매일 혁신해야 한다.

마이크로소프트의 창업자 빌 게이츠는 "저는 힘이 센 사람이 아니고 두뇌가 뛰어난 천재도 아닙니다. 날마다 새롭게 변했을 뿐입니다. 그것이 저의 성공 비결입니다."라고 했다.

세상은 우리가 바꿀 수 없지만, 나를 둘러싸고 있는 상황은 나의 의지와 노력으로 바꿀 수 있다. 포기하지 않고 새로움에 도전하여, 원하는 삶을 살자.

과거경험에 묶여 안주하지 말고, 새로운 세계, 새로운 정보에 도전해 보자. 삶을 색다르고 재미있게, 현재의 순간순간을 한껏 충실하게 살아보자. 새로운 배움이 있는 한 우리는 청춘이다.
일일신日日新 우일신偶日新하여 삶을 혁명하자.

5법칙 :
배움에
투자하자

간담상조란 간과 쓸개를 서로 비춘다는 말로 마음을 서로 드러낼 수 있는 우정 또는 믿음이 있는 사귐을 뜻한다. 간담상조의 유래는 중국 당나라 중엽 한유와 유종원의 우정에서 유래된 것으로 비밀이 없는 매우 절친한 사이를 말한다.

세상에는 두 종류의 친구가 있다. 보이는 친구와, 보이지 않는 친구다. 보이는 친구는 눈빛과 감정을 나누는 친구다. 희로애락과 추억을 공유하는 친구다. 인생의 길을 같이 가는 친구다. 지금까지 보이는 친구와는 많은 시간을 같이했다.

이제부터 보이지 않는 친구와 가까이 지내자. 보이지 않는 친구에게 특별한 관심을 가져보자. 지금껏 찾지 않았던 보이지 않는 친구를 찾아가자.

보이지 않는 이 친구는 원할 때 언제든 만날 수 있다. 부르는 순간 내게 온다. 가진 것으로 나를 모른 체하지 않는다. 세상의 기준으로 나를 판단하지도 않는다. 보이지 않는 친구와의 만남은 신뢰의 자리이자, 일상이 기쁜 자리다. 행복이 넘치는 자리다. 보이지 않는 친구는 현재의 기쁨이다.

잊고 있던 이 친구의 이름은 '취미'다. '취미'의 사전적 정의를 살펴보면 전문적으로 하는 것이 아니라 좋아서 즐겨 하는 일이라 지칭하고 있다. 아름다운 대상을 감상하고 이해하는 힘, 혹은 감흥을 느껴 마음에 일어나는 '멋'을 말한다.

오랫동안 잊고 살아온 '멋'에 빠져보자. 한 번도 나를 거절하지 않는 친구 '취미'를 찾아가 기꺼이 문을 두드리자. 이 친구에게 돈이 들어간다고 타박하지 말자. 오랜만에 만난 귀한 벗에게 비싼 밥으로 예의 있게 대접하자. 그 돈 아까워하지 말자.

보이지 않는 친구와 함께 미래를 즐겨보자. 간담상조 친구처럼, 쓸개 빠진 친구를 찾아가는, 간이 배 밖에 나온 간 큰 친구가 되어보자. '아나바다'아껴쓰고, 나눠쓰고, 바꿔쓰고, 다시쓰고를 미덕으로 근검절약을 신앙처럼 살았다. 이런 습관이 오롯이 나를 위한 지출을 머뭇거리게 한다.

미래를 대비해 모으고, 자식교육을 위해 모으고, 나를 위한 소비는 없었다. 평생 자식으로 살 때나, 부모로 살 때도 나를 위해 흔쾌히 써 본 적이 없다.

눈부신 내 인생을 위해 오랫동안 잊고 살아온 배움에 아낌없이 투자하자. 삶의 질 향상을 위해 여가, 문화활동에 적극 참여하자. 가치 창출을 위한 소비라면, 더 이상 주저하지 말자.

눈부신 인생 혁명을 위해 배움에 투자하자! 나이도 많은데 시간과 돈을 들여 배워 '대체 어디에 쓰려고?' '이제 배운 걸로 뭘 하겠는가?' '뭘 배우기에는 너무 늦었다.' 주위에서 일하는 이런 이유들에 설득당하지 말자.

"이대로 살지 뭐 인생 별것 있나" 하고 익숙함에 안주하거나 편안함에 설득당하지 말자. 나이 들어 배움은 삶을 풍성하게 한다. 세계를 보는 눈을 넓혀준다. 특정한 것을 경험하고, 체험할 길을 열어 준다. 인생에서 가능한 일을 실행할 용기를 준다.

보이지 않는 신실한 친구에게 돈 쓰는 것 아까워하지 말자. 아낌없이 투자하자. 우리의 배움이 젊은이들의 기회를 뺏는 것이 아니다.

온라인 배움터, 오프라인 배움터, 어디든 가서 배우자. 가리지 말자. 유료든 무료든 상관치 말자. 다양한 배움의 콘텐츠들이 있는 검증된 곳이라면 어디든지 가보자.

2016년 칸 국제영화제 황금종려상 수상작 〈나, 다니엘 블레이크〉의 주인공 다니엘 블레이크는 항의한다. "난 연필시대 사람이요. 그런 사람들 배려는 안 하나?" 컴퓨터 앞에 앉아 화면에 뜬 서류 내용을 채워넣지 못하면 복지 혜택을 받을 수도 없고, 자신이 받은 부당한 처분에 항의할 수도 없는 세상이다.

오늘날 한국뿐 아니라 전세계 우리세대에게 직면한 가장 큰 문제 중 하나다. '디지털 디바이드Digital divide'를 잘 보여주는 내용이다. 디지털 디바이드는 '정보격차'로 번역된다.

모든 것이 전자화되는 사회 속에서 세대·계층·문화 등 다양한 원인으로 정보 및 기술 활용 능력의 차이가 벌어지고, 그로 인해 발생하는 정보의 격차를 일컫는 용어다.

1990년대부터 초고속 인터넷을 전국에 설치했던 IT강국 대한민국에서 디지털 디바이드가 무슨 말이냐 하겠지만, 디지털 디바이드는 우리를 많이 주눅들게 한다.

우리나라는 인터넷 활용도가 높은 나라이다. 과학기술정보통신부가 매년 발표하는 '인터넷 이용 실태조사'에 따르면, 한국의 1984만 가구 중 1980만 가구가 인터넷을 사용한다. 97.1%가 인터넷 메신저를, 92.7%가 동영상 서비스를 이용한다.

거의 모든 국민이 카톡으로 연락하고 유튜브를 본다는 거다. 통계에 따르면 70대 이상의 인터넷 이용률은 40.3%라고 한다. 60%는 인터넷을 사용하지 않는다는 말이다.

'디지털 고려장'이라는 새로운 단어도 생겼다. 다니엘 블레이크는 "나는 개가 아니라 인간입니다. 이에 나는 내 권리를 요구합니다. 인간적 존중을 요구합니다."라고 한다. 다니엘 블레이크의 어려움을 우리도 생활 속에서 경험하고 있다. 자식의 도움을 받고 해결은 하지만 언제까지 도움을 받을 것인가?

세상이 코로나로 인해 아주 급변했다. 비대면의 사회가 시·공간을 초월하는 세상으로 변해가고 있다. 우리가 변화에 적응할 틈을 주지 않고 온라인 세상으로 변해가고 있다.

은행이 아파트단지 상가 앞의 지점을 폐쇄하자 그 은행을 이용하던 노인 50여 명이 항의했다. 은행 측은 오프라인에서 거래하는 고객이 줄어 키오스크를 활용한 디지털 라운지로 바꾸었다고 했다.

은행뿐 아니라 코로나의 여파로 음식점까지 주문 방식을 전자식 단말기 키오스크로 대체했다. 터치 스크린에 익숙하지 않은 우리는 음식 주문 하기도 어렵다. 디지털 디바이드, 정보격차다. 배워야 산다. 옛날 아날로그로 되돌릴 수 없다. 우리가 배워야 급변하는 세상을 따라잡을 수 있다.

『근사록』에 "날마다 진보하지 않으면 날마다 퇴보한다"라는 말이 있다. 급격하게 변하는 요즘에 더욱 새겨야 할 말이다. 지혜를 담은 책『탈무드』에 "다른 사람보다 뛰어난 사람은 정말 뛰어난 사람이라고 할 수 없다. 예전의 자기보다 뛰어난 사람이 정말 뛰어난 사람이다."라는 말이 있다.

배움의 열정이 없는 사람은 인생 후반전을 무기력하게 하루하루 늙어 가면서 살아가고, 배움의 열정이 있는 사람은 노년에도 성장하고 배우면서 활기차게 살아간다.

조지 버나드 쇼는 노벨 문학상을 수상하고 95세까지 극작가로 소설가로, 문학비평가로 활기찬 인생을 살았다. 자신의 묘비명에 성공적인 삶의 비결을 유머스럽게 나타냈다. "우물쭈물하다가 내 이럴 줄 알았지!" 또 그가 남긴 유명한 말을 통해 우리는 배움의 중요성을 알 수 있다.

"나에게 인생은 더 이상 곧 꺼질 촛불이 아니다. 인생은 잠시 들고 있는 영롱한 횃불 같은 것이다. 다음 세대에게 그것을 넘겨주기 전에 가능하면 밝게 타오르게 하고 싶다." <조지 버나드 쇼>

하루하루 나이만 먹고 늙어가는 사람은 어떤 것도 배우려 하지 않는다. 배움이 없는 사람은 늙어가게 되어있다. 배우지 않기 때문에 더욱 빨리 늙는다. 배움의 열정을 가진 사람은 나이와 상관 없이 삶에 활기가 넘친다. 하루하루 성장하기 때문이다.

배움의 동료들과 함께 공동의 학습목표를 가지고 창조적이고 새로운 아이디어를 찾고 배우자. 인생 후반전 배움으로 삶을 눈부시게 혁명하자.

개선과 발전 성취로 카이로스^{기회와 행운의 신}의 시간을 만나자. 기회는 준비된 자에게 온다. 아직 우리는 배움에 배고프다.

CHAPTER 5

눈부시게 사는
시니어 혁명
도전 5단계

SECTION. 1

1단계 :
자기소개서로
도전하자

〈더 인턴〉이란 영화를 봤다. 로버트 드 니로가 인턴에 응모하고자 자신을 소개하는 모습에 아이디어를 얻었다. 우리는 인생 후반전이란 큰 기업의 대표다. 인생 후반전이란 엄청난 기업을 확고한 신념 없이, 가치관 없이 경영할 수 있겠는가?

지금부터 확고한 소신과, 가치관으로, 신념을 가지고 인생 후반전을 경영하겠다고 선언하자. 기록으로 남기자. 나는 어떤 삶의 목표를 가지고 살 거라고 나에게 알려주자.

내 머리가 인식하도록 큰 소리로 읽어보자. 가상의 면접관 앞에서 면접 보듯 나를 소개하자. 옷을 제대로 차려입고 동영상으로 찍어 기록으로 남기자.

필자의 경험은 마음이 흐지부지해 질 때, 무기력해 질 때 나의 소개서를 떠올리고 마음을 다진다. 개인적으로 효과 100%다. 이 책을 쓸 수 있는 용기도 나의 소개서의 힘으로 가능했다고 말할 수 있다.

자기소개서는 나의 마음을 다지는 확언, 또는 선언문의 효과를 갖는다. 내가 추구하는 삶을 이미 이룬 것처럼 말한다. 나의 부족한 점, 시정할 점이 충족된 것처럼 어퍼메이션 한다.

어떤 형식에 얽매일 필요는 전혀 없다. 필자의 소개서를 쓰게 된 배경은 스스로 결단하지 못하고 마음으로만 소망하는 자신을 지지하고자 썼다.

내 자녀들이 말하지 않아도 엄마는 자녀의 필요를 안다. 말하지 않아도 표정만 봐도 알 수 있다. 그 엄마의 마음으로 이제 나를 격려해주자.

다 자란 자녀에게 관심은 잔소리에 불과하다. 자녀에게 향했던 관심을 나에게로 쏟자. 자녀 교육비를 기꺼이 감당한 것처럼, 이제 나에게도 교육비를 투자해 주자. 나를 사랑해 주자.

내 행복은 내가 선택하자. 나중에 '~할걸' 하고 후회하지 않는 삶을 살자. 이런 다짐이 나의 소개서가 되었다. 예시로 어퍼메이션한 자기소개서이다.

"이제부터 이기주의로 살기로 한 (   ) 입니다. (   )는 본인의 부족함이 무엇인지, 필요함이 무엇인지 잘 압니다. 하지만 자신을 위한 것들을 과감하게 실행하지 못합니다. 지금부터 실행력을 찾아 주겠습니다. 가족과 자녀에게 먼저 내어주었던 시간을 찾아주겠습니다. 우선순위에서 배제되었던 계획을 지지해 주고 격려해 주겠습니다. 스스로 매니저가 되어 더 많은 기회와 기쁨을 제공해 주겠습니다. 최고의 인생을 살 수 있도록 응원하겠습니다. 미래의 행복을 위해 지금 이 순간 행복을 포기하지 않겠습니다. 뭘 해도 딱 좋은 나이, 나의 꿈을 이루기 위해 셀프 매니저가 된 (   )입니다."

내가 추구하는 삶에서 이탈하려는 순간 자기소개서가 머리에

스친다. "아, 그렇지. 난 행복을 선택하기로 했지." 하고 스스럼 없이 행복할 일을 선택한다.

언제나 행복을 선택하기로 했기에 불평 불만을 자제하게 된다. 이런 삶을 살겠다고 나에게 먼저 선포한 것이다. 나의 정체성을 알리는 자기소개서는 나를 바로 세우는 역할을 한다. 일상생활에 묻혀있는 나를 자각하게 한다. 삶의 나침반이 된다.

말에는 힘이 있다. 친구나 가족 앞에서 "난 안 될 것 같다"는 실패의 말을 하면 실패가 찾아온다. 성공이나 실패에 대해서는 별말 없이 살면 평범한 삶이 찾아온다. 반면 성공을 말하면 성공이 찾아온다.

성공하고 싶다면 사람들 앞에서 "난 성공한다"고 아무렇지 않은 얼굴로 말할 수 있어야 한다. 그들이 어떤 태도로 듣든 상관없다.

"나는 적극적인 사람이 될 것이다." "나는 행복한 사람이 될 것이다." 이 방법은 강력한 효과가 있다. 당신 자신이 그 말처럼 변화한다. 삶이 변화한다. 어떤 말을 반복해서 외치면 뇌는 점점 그 말을 믿게 된다. 그 말과 관련된 호르몬을 분비한다. "나는 행복하다."고 반복해서 말하면, 뇌가 행복호르몬 세로토닌을 분비한다. 확신의 힘이다.

성공은 확신의 강도에 비례하여 찾아온다. 성공을 확신하지 못하는 사람은 성공할 수 있는 행동을 하지 못한다. 손에 들어온 기회도 놓친다. 성공을 확신하는 사람은 성공의 기회를 신속하게 붙잡을 수 있다. 성공하고 싶다면 성공을 기정사실로 받아들여야 한다.

여기서 말하는 성공이란 꼭 금전적인 성공을 말하는 것이 아니다. 물질적인 성공을 포함한, 내가 이루고자 하는 것들을 이루어 냈을 때를 성공이라 말하고 싶다.

성경에 "믿음은 바라는 것들의 실상이요 보이지 않는 것들의 증거니 선진들이 이로써 증거를 얻었느니라."히 11장1-2라는 성경구절이 있다. 믿음을 비전이나 꿈으로 바꾸면 쉽게 이해된다.

이 세상에서 성공한 이들인 빌 게이츠, 스티브 잡스는 컴퓨터의 시대를 미리 보았고, 일본의 재벌 손정의, 구글의 에릭 에머

슨 슈미트는 컴퓨터와 인터넷의 미래를 먼저 보았다. 아마존의 제프 베이조스, 알리바바의 마윈은 인터넷 상거래의 미래를, 페이스북의 저커버그, 카카오의 김범수 사장은 소셜 네트워크의 미래를 먼저 보고 성공하였다.

이들이 미래를 먼저 본 것이 바로 비전이다. 그들은 미래의 비전을 보고, 믿음으로 믿었고, 행동으로 옮긴 것이다. 미래를 미리 본 사람들을 '비저너리', 비전의 사람이라고 한다. 비전 실현을 위해 행동하는 사람은 '미셔너리'다. 성공한 이들은 비저너리, 미셔너리다.

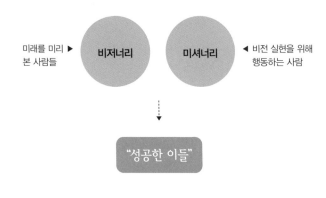

<비저너리와 미셔너리>

'제2의 인생황금기'를 사는 우리는 인생 후반전이란 큰 기업의 대표다. 큰 기업의 비전과 목표가 없어서는 안 된다. 나의 인생 후반전 비저너리, 미셔너리가 되자. 성공적인 인생 후반전을 만들자. 진심으로 그렇게 느끼고 말하고, 행동하면 말대로 이루어진다.

모임이나 동호회에서 자신을 소개할 경우가 생긴다. 이럴 때 언제나 마음속에 각인되어 있는 나의 비전과 삶의 목표로 나를 소개하자. 겉으로 보이는 '나'는 아주 일부분에 불과하다.

겉모습의 '나'가 아닌 속에 무한한 힘을 가진 '내 안의 거인' 나의 참모습을 소개하자. 팁으로 소개서를 작성하여 꼭 동영상을 찍기 바란다. 동영상이 시각화가 되어 효과를 상승시킬 것이다.

자녀에게, 배우자에게 동영상을 보내어 이런 삶을 살 것이라고 선포하자. 말한 대로 당당하게 살자. 왜 안 되겠는가? 내 인생인데. 눈부신 시니어 인생, 행운을 빈다.

2단계 :
최고의 버킷리스트로
도전하자

세상의 성공한 1%들은 "적고 노력하면 이루어진다"는 법칙을 알고 있다. 누구나 자신을 믿고 자신의 수첩에 꿈을 써 나간다면 원하는 바를 이룰 수 있다고 성공한 그들은 말한다.

소망이 이루어진 모습을 생생하게 꿈꾸고 글로 적으면 이루어진다는 이야기는 널리 알려진 기법이다. 이 기법을 사용하여 꿈을 이룬 대표적인 사람들을 알아보자. $R^{realization}=V^{vivid} D^{dream}$

조지 워싱턴

미국 건국의 아버지 조지 워싱턴은 열두 살 때부터 "나는 군대를 이끌 것이다. 나는 미국을 독립시키고 대통령이 될 것이다"라는 목표를 글로 적으면서 생생하게 꿈꾸었다.

이소룡

"나는 1980년에 미국에서 가장 유명한 동양인 배우가 되어 있을 것이다. 나는 천만 달러의 출연료를 받을 것이다." 이소룡이 친필로 작성한 이 종이는 뉴욕 플래닛 할리우드에 소장되어 있다.

비틀스

비틀스의 멤버인 폴 매카트니가 한 말이다.
"꿈을 글로 적는 습관이 비틀스의 성공에 큰 역할을 했다."

스콧 애덤스

매일 15번씩 종이에 "나는 세계 최고의 만화가가 되겠다"라고 적었다. 현재 그의 만화는 전 세계 2천 종의 신문에 연재되고 있다. 지금도 매일 15번씩 "나는 퓰리처상을 받을 것이다"라고 적고 있다고 한다.

손정의

"나는 이 회사를 5년 내에 100억 엔, 10년 안에 500억 엔, 그 이후로는 수조 원대 규모의 자산 가치를 지닌 기업으로 성장시킬 것이다." 1980년, 아르바이트 두 명을 데리고 유니슨 월드를 차리면서 손정의는 위와 같이 적고 선언했다. 아르바이트에게 월급도 제대로 주지 못하는 처지에. 하지만 그의 꿈은 모두 이루어졌다.

글로 적으면서 꿈을 이루는 방법은 간단하다. 노트에 꿈을 적는다. 적으면서 적은 내용을 소리 내어 읽는다. 꿈이 이루어진 모습을 생생하게 그린다.

주의할 점은 누가 무슨 말을 하든, 꿈의 노트에 적은 내용이 반드시 이루어진다는 것을 진심으로 믿어야 한다는 것이다. 그게 꿈을 믿는 사람의 태도이고, 꿈은 그런 믿음에 반응한다.

두 번째로 꿈의 노트를 항상 소지해야 된다. 메모지에 적어서 지갑에 넣어 가지고 다니면 좋다. 우주에 존재하는 모든 것이 그렇듯이 꿈도 소중히 여기는 대상에게 실현된다. 〈꿈꾸는 다락방, 이지성〉

우리도 최상의 목표를 적어 원하는 바를 이루어 내자. 내가 생각하는 최고의 버킷리스트를 작성하자. 인생 후반전의 눈부신 삶을 위해 내가 원하는 어떤 것이라도 나를 행복하게 하는 목표가 있다면 그것이 최고의 버킷리스트다. 버킷리스트를 작성하는 이유는 나의 꿈을 가장 효과적으로 최단 시간 안에 현실로 만들기 위해서다.

꿈이 없지는 않았지만, 꿈이 없는 것처럼 살았다. 현실에 급급하여 일상에 묻어버린 바람들을 하나씩 꺼내어 적어보자. 생명을 불어넣자. 중요한 것은 최고의 버킷리스트를 수첩에 적는 것이다. 적는 순간 가슴속에 있던 꿈은 씨앗으로 파종된다.

당신은 마음 밭에 꿈 씨앗을 뿌린 농부가 되어 풍성한 수확을 거둬들이게 된다. 적으면 꿈은 현실이 되고, 현실은 나만의 역사가 된다. 최고의 꿈을 적자. 꿈을 성취하는 도전자가 되자.

1. 내가 이루어야 할 최고의 목표는 000이며 00까지 이룬다
   내가 이루고 싶은 최고의 목표를 언제까지 이룰지 기한을 구체적으로 적자.

2. 기대하는 최고의 순간을 적자

내 생애 최고의 순간이라 생각되는 행복한 순간을 적자. 당신이 생각하는 최고의 순간은 언제인가? 남에게는 의미 없게 보여도 나에게는 최고의 순간이면 된다. 최고의 행복한 순간들을 많이 많이 만들자. 가족과 멋진 장소에서 식사하는 순간은 최고의 순간이다. 가족과의 공원 산책이 최고의 순간이 될 수도 있다.

3. 최고의 물건을 선물하자(나에게)

스스로 선물해 줄 최고의 물건을 수첩에 적어 놓고, 열심히 노력한 자신에게 선물하자. 최고를 경험해 본 사람만이 최고를 창출해 낼 수 있다. 최고를 경험한 자가 최고로 성장할 수 있다.

4. 최고의 하루를 계획하자

우리에겐 날마다 새로운 하루가 찾아온다. 오늘을 나의 마지막 날처럼 행복하고 알차게 보내자. 하루의 시작인 아침을 승리하면 하루를 승리한다. 승리한 하루가 모여 승리하는 인생이 된다.

승리하는 아침을 여는 5가지는

〈첫째〉 침구를 바로 정리한다.

〈둘째〉 5~10분 명상하자. 호흡에 집중하며 쉽게 산만해지지 않게 마음을 정리하는 데 도움이 된다.

〈셋째〉 5분 정도 스트레칭한다. 한 동작 10회 반복

〈넷째〉 따뜻한 차를 마신다. 아침 공복에 마시는 물은 몸을 씻어 내는 역할을 한다.

〈다섯째〉 아침 일기를 써라. 5분 정도의 짧은 일기 아침 일기는 정신의 와이퍼. 가장 가성비 뛰어난 셀프 심리치료다. 아침일기는 지금 내 삶에 필요한 '한 걸음'을 제공한다. 현재 처한 상황을 이성적으로 파악할 수 있다. 나를 넘어서는 '극복'을 제시한다. 안일함을 벗어나는 탁월한 치료다.

5. 최고의 긍정적 자기 충족 예언을 하자

자기 충족 예언을 마음으로 확고하게 생각하는 사람은 실제로 그런 사람이 된다. 나는 성공한 인생이다. 나는 건강한 인생이다. 나는 눈부신 인생을 사는 시니어 혁명가다.

나는 존경받는 사람이다. 나는 긍정적인 사람이다. 나는 무엇이라도 할 수 있는 사람이다. 나는 행복을 선택하기로 했다. 나는 풍요로운 사람이다.

성공은 자기 자신이 세상에서 가장 소중한 존재라는 자각에서 출발한다. 인류의 위대한 업적을 남긴 위인들은 모두 자신에 대한 자각이 강했다. 자신을 소중하게 생각하지 않는 사람은 어떤 성취도 이루기 어렵다.

자기 자신을 단 한 번도 진지하게 생각해 본 적 없는 사람이 어떻게 주도적인 삶을 살 수 있겠나. 최고의 버킷리스트를 적자. 현재의 나를 긍정하며, 지지하여 눈부신 시니어혁명 도전자의 삶을 살자.

3단계 :
인생 후반전에 성공한
그들처럼 도전하자

당신은 이루고 싶은 목표가 있는가? 그렇다면 행복한 사람이다. 혹 미래에 대한 도전을 두려워하거나 불안해하는가? 불확실한 미래에 대한 염려나 고뇌는 누구나 갖고 있다. 불안한 미래라고 움츠리고만 있겠는가?

성공한 사람들 중 숱한 도전과 실패를 반복하다 중장년에 이르러 비로소 결실을 맺은 사람도 있고, 평범하게 살던 사람이 뒤늦게 자신의 삶을 깨달아 성공한 경우도 있다.

그들의 도전정신을 우리의 삶에 적용해 보자. 눈부신 시니어 혁명, 이제 도전만 남았다. 이 책이 당신의 도전을 응원한다. 가슴을 설레게 하는 꿈에 대한 도전은, 사람을 살아 있게 한다. 꿈을 이루고 성취한 그들을 만나보자.

- 51세에 사업 실패, 1008번의 거절, 1009번째 투자받아 65세에 KFC를 만든 <커넬 샌더스>.
- 18세 점원으로 시작, 47세에 코스트코를 창설한 <짐 시네갈>.
- 30번의 실패 후 36세에 알리바바를 창업, 재산 369조 원의 세계 18위 부자가 된 <마윈>.
- 45세에 미래산업을 창업하여 국내기업 최초로 미국 나스닥 상장, 카이스트에 515억 원을 기부한 <정문술>.
- 56세에 잡코리아를 창업해서 10년 후 1000억 원에 매각하고 다시 경비회사를 창업, 연매출 400억 원의 기업인 <김승남>.
- 미국 이민 후 20년간 실패만 하다가 김밥장사 2년 만에 연매출 130억 11개국 1200개 매장과 자산 4000억 원의 <김승호>.
- 40세에 토스트 장사를 시작해 10년 후 가맹점 300개의 <김석봉 토스트>.
- 40세에 미용실을 오픈해서 세계 20대 헤어드레서가 되고 72세에 요리 전문점 사장 <이경자>.

– 27세에 시한부 선고, 46세에 시가 총액 94%를 잃고 60세에 개인 자산기
준 일본 최고 갑부가 된 <손정의>.

이들 외에도 수많은 도전자들이 있다. 도전을 성취한 이들의
공통적인 삶의 방식을 들어보자. 그들은 공통적으로 말한다. 평
생 해도 지치지 않을 만큼 좋아하는 일을 선택하라. 인생 초기
의 실패를 인생 후반의 밑거름으로 삼아라.

주류에 속하기보다 비주류로 더 크게 성공하라. 때로는 밑져
야 본전이라는 담대함을 가져라. 간절히 원하고 구체적으로 실
천하라. 어떤 경우에도 자신의 가능성을 믿어라.

돌파구가 보이지 않을 땐 거꾸로 생각하고 행동하라. 내일의
열매를 위해 오늘 씨앗을 심어라. 더 늦기 전에 인생에 승부를
걸어라. 이미 늦었다고 할 때가 가장 빠른 때다.

프랑스 허미니아 아이바라 교수가 성공한 사람 39명을 만나
인생을 획기적으로 바꾼 방법을 알아 보았다. 성공한 사람은 행
동하기 전에 원하는 바를 알아서 성공하는 것이 아니다.

일단 행동하고 경험하고, 질문하고, 다시 행동하는 과정을 통해 자신이 어떤 사람인지, 또 무엇을 할지도 알 수 있다는 것이다. 일단 부딪치자. 우리에게 주어진 한 번뿐인 인생을 통해 최선의 결과물을 만들기 위해 노력해야 한다. 인생이라는 마라톤에는 오르막길도 있고 내리막길과 평지도 있다.

한두 번 돌부리에 걸려 넘어졌다고 해서 주저앉아 울기만 할 것인가. 그럴 수는 없다. 툴툴 털고 일어나 다시 뛰자. 인생이라는 마라톤은 끝까지 완주할 우리를 기다리고 있다. 내가 포기하지 않는 한 결코 끝난 것이 아니다.

성공은 포기하지 않고 도전하는 자에게 기회를 허락한다. 그 도전을 성취한 자가 바로 당신이기를 응원한다. 인생 60에 이미 다 살았다고 손을 놓을 때가 아니다.

100세 시대 앞날이 구만리다. 이제 전반전이 끝났다. 인생이라는 후반전을 향해 달려 나가자. 본격적인 게임은 이제부터다. 공격이 최선의 전략이다. 포기하지 않는 한 경기 종료까지는 아직도 많은 시간이 남아 있다.

꿈을 성취하기 위해 도전하자. 뭘 해도 늦지 않은 나이, 도전하기 딱 좋은 나이다. 뭔가 새로운 것을 얻기 위해서는 버릴 수 있는 용기가 필요하다. 아무것도 잃지 않으면서 새로운 것을 얻을 수는 없다.

당신은 지금 행복한가? 행복하지 않다는 생각이 들 때, 더 이상 지금처럼 살고 싶지 않을 때, 그때가 가장 변화가 필요한 때이다. 세상에서 가장 위험한 일은 위험을 전혀 감수하려 하지 않는 것이다. 아인슈타인은 잡고 있는 헌 밧줄을 놓아야 새 밧줄을 잡을 수 있다고 했다.

성공은 본래 자신이 원하는 모습으로 살아가는 것이다. 자기만족을 해야만 성공이라고 할 수 있다. 지금도 가보지 않은 길에 아쉬움과 후회가 남아 있다면 도전해 보자.

언제까지 생각 속에만 머문다면 그 길은 영원히 개척되지 않은 채 남게 될 것이다. 자신이 좋아하는 일이 무엇인지 생각하고, 수정해 나가는 과정 자체가 이미 성공의 길로 들어선 것이다.

진짜 인생은 60부터다. 진짜 인생을 사는 사람은 나이를 먹을 틈이 없다. 도전하는 사람은 늙어 가는 것이 아니라, 열정으로 익어 가기 때문이다.

4단계 :
책 쓰기로
도전하자

책 쓰기는 영웅의 여정이다. 책 쓰기는 니체의 말처럼 '망치'가 되고, 카프카의 말처럼 '도끼'가 된다. 나를 넘어서는 시간을 만나기 때문이다. 어려운 글쓰기 왜 해야 하는가?

글쓰기를 통해 우리가 얻을 수 있는 유익함은 무엇인가? 책 쓰기는 성찰의 시간이며, 성장의 시간이다. 책 쓰기만큼 우리에게 사색의 시간을 제공하는 것이 없다.

책 쓰는 시간의 몰입은 큰 성취감과 위로와 위안을 준다. 변화를 이루고 성장시켜 준다. 새로운 삶, 가슴 뛰는 삶을 살고자 한다면 책 쓰기에 도전해야 한다.

인생 후반전을 사는 60대의 지식은 도서관 한 채와 맞먹는다. 베이비붐 세대는 급변하는 시대에 살았다. 동시에 여러 세대와 공존하며 살고 있다. 한 세대를 30년으로 생각해 온 과거에 비해 급변하는 요즘은 18.5년이 한 세대라고 한다.

일제강점기와 6.25를 경험한 산업화세대[1940~1954], 베이비부머 세대[1955~1974], X세대[1975~1984], Y세대[1985~1996], M세대[1980~], Z세대[1990중반~], MZ세대, 많은 세대가 한 시대에 공존한다.

수평적으로, 수직적으로 세대 간 분리를 경험한다. 세대 간 문화 다양성 속에 살고 있다. 7세대를 아우르는 베이비붐 세대의 삶은 한국 근현대사 박물관 한 채와도 같다.

굴곡진 때도 있었고, 탄탄대로의 길도 걸었다. 세대의 다양성과 문화의 다양성을 경험하고 있다. 어려운 시절 산업을 일구어 낸 60대는 쓸 주제가 차고 넘친다. 자녀세대와의 문화적 차이도 경험했다. 내 자식이지만 이해 못 하는 부분도 많다.

내 삶의 이야기가 누군가에게 힘이 되고 동기부여가 된다. 연륜이 담긴 글쓰기는 인생 후반전의 삶을 의미 있는 멘토의 삶으로 만들 것이다.

시작이 반이다. 일단 시작하면 어떻게든 해 봐야지 하는 생각이 들 것이다. 할까 말까 하는 고민으로 시간과 에너지를 낭비하지 말자. 일단 시작하자. 시작이 반이라는 선조들의 오랜 경험이 용기를 준다.

일단 시작이 글을 쓰게 할 것이다. 자신을 믿고 무모한 도전을 해 보자. 자신의 실수를 깨달았던 일에 대해 써보자. 힘들게 깨우친 교훈에 대해 써보자. 일정한 형식을 따를 필요는 없다.

우리가 겪은 인생이야기, 여행이야기, 일상생활에서의 느낌이나 체험을 생각나는 대로 써보자. 내 경험에 나만의 생각을 더하면 독특한 나만의 글이 된다. 90세에 글쓰기를 시작해 99세에 첫 시집을 출간한 분의 시다.

있잖아 불행하다고 한숨짓지 마
햇살과 산들바람은 한쪽 편만 들지 않아.

꿈은 평등하게 꿀 수 있는 거야,

나도 괴로운 일 많지만 살아있어 좋았어

너도 약해지지 마.

<시바타 도요>

늦었다고 생각할 때가 가장 빠른 때다. 오늘이 책 쓰기 가장 좋은 날이다. 책을 쓰는 것은 다른 사람의 삶에 영향을 미치는 작업만은 아니다. 책으로 인해 자신의 삶이 변화된다.

책 쓰기란 내면의 잠자고 있는 나의 잠재력을 깨우는 일이다. 오늘의 나와 경쟁할 대상은 '어제의 나'이어야 한다. 어제보다 성장한 오늘을 사는 방법으로 책 쓰기가 '딱' 알맞다.

자주 잃어버려 생긴 웃지 못할 에피소드를 써 보자. 살아오면서 깊이 생각한 것, 해냈던 일, 아직 미완성으로 남아 회한으로 남아있는 일, 쓰고자 하는 주제는 너무 많다. 써보자. 주마등처럼 스치는 자신의 지난날을 적으면 속이 시원해진다.

간직해 온 꿈, 도전과 실패, 기뻤던 일, 슬펐던 일, 지나온 시간들이 정리가 된다. 큰 슬픔도 만났고, 큰 기쁨도 맛보았다.

인생 60, 산전수전 웬만큼 겪었다. 이제 가슴 뛰는 인생 후반전을 시작하는 시니어 혁명 도전가로서 책 쓰기에 도전하자.

인생 전반전의 파노라마를 적어 보자. 지금의 나를 넘어 더 나은 내일의 삶을 꿈꾸는 사람은 도전자다. 요즘은 거창한 이야기가 주목을 받는 시대가 아니다. 용기를 가지고 실행하자. 지극히 개인적이고 소소한 이야기들이 사람들의 관심을 받는 시대다.

우리의 작은 이야기들이 책이 될 수 있다. 우리 삶의 이야기가 누군가의 마음에 위로가 될 수 있다. 그런 의미에서 진짜 인생은 60부터다. 인생 후반전에 힘이 되었으면 하는 바람으로 쓰자. 동기부여를 하자. 시간을 소모하지 않고, 자신의 삶을 돌아보고, 열정으로 타오르기를 소망한다.

우리는 꽃길을 가야 한다. 우리가 생각하는 최선의 길을 가야한다. 그러기 위해서는 스스로 채찍질하고 더욱 발전할 수 있도록 노력을 해야 한다. 그게 60년을 살아낸 스스로에 대한 예의라고 생각한다.

때로는 직접 경험하는 것보다, 간접적인 경험이 더 핵심을 바라보는 데 있어 편할 때가 있다. 그것을 가능하게 하는 도구가 책이다. 책 쓰기를 통해 우리는 사람 사는 세상을 만들 수 있다.

힘을 다해 쓴 책 한 권이 사람의 인생을 바꿀 수 있고, 강연으로 수십 명의 사람을 바꿈으로써 선한 영향력을 행사할 수 있다. 나의 책 한 권이 나비의 날갯짓이 되어 세상을 바꾸는 역할을 할 수도 있다. 책 쓰기는 그런 힘이 있다.

책을 쓴다는 것은 비워 내는 행위이다. 60년을 채워온 세상 속의 편견과 아집 그리고 잘못된 것들을 걷어내고 새로운 것으로 채워야 할 때다. 비어 있어야 채울 수 있다.

새로운 인생을 준비하는 시니어 혁명가의 책 쓰기는 전반전을 돌이켜보는 의미 있는 시간이 될 것이다. 책 쓰기로 비워내자. 인생 전반전을 책으로 쏟아내고, 그 빈자리를 새로움으로 채워 나가자. 열정과 긍정 에너지로 채우자.

글을 쓴다는 것은 자신을 제3자의 시각으로 돌아보는 것이다. 객관적인 입장에서 나를 돌아보는 시간, 나를 만나는 시간을 가지는 것이다.

지금까지 지내온 삶을 솔직하게 적어보자. 글의 순서와 상관 없이 일단 적기 시작하면 실타래가 풀리듯 자신과 삶에 대한 이야기가 나온다. 삶의 자취가 의미 있는 시간이 되어 자서전이 될 것이다.

하루의 짧은 일기는 나를 비추는 거울이 된다. 내 삶의 인생지표가 된다. 하루하루 일상이 기록이 되면 역사가 된다. 시간이 흘러 먼 훗날 시대상황을 알도록 도와주는 의미 있는 기록이 된다.

1490년의 현존 최고의 한글 편지에는 함경도에서 경성으로 전근됐으니 옷을 보내달라는 내용이 적혀있다. 1586년 안동의 원이 엄마는 '둘이서 머리 하얗게 되도록 살다 죽자더니 먼저 가냐'며 먼저 세상을 떠난 남편 원이 아빠 이응태에게 편지를 보냈다.

원이 엄마는 편지 첫머리에 남편을 '자네'라 불러서 성리학에 매몰되기 전의 조선 초 남녀 관계는 평등했다는 사실까지 전하게 되었다. 부부의 개인적 편지가 그 시대 상황을 알게 한 것이다.

나치를 피해 숨어 살다 희생된 안네, 히틀러와 유대인 탄압에 앞장선 괴벨스 둘 다 '작가'를 꿈꾸며 일기를 썼다. 안네는 희망을, 괴벨스는 증오를 기록했다.

두 사람의 일기는 역사의 피해자와 가해자의 기록이다. 안네에게 글쓰기는 희망이자 자기 구원의 방법이 되었다. '죽은 뒤에도 영원히 살아 있을 그런 일을 하고 싶다'고 일기에 쓴 것처럼, 사람들의 기억 속에 영원히 살아있는 작가가 되었다.

29권이라는 상당한 양의 괴벨스의 일기에는 자기에게 벌어진 일을 타락한 세상 탓으로 돌리는 내용이 쓰여 있다. 잘못된 세계관으로 자기가 한 일을 합리화하는 내용이 그대로 담겨 있다.

일기를 통해 한 사람은 절망 속에서도 희망을 찾으려 했고, 한 사람은 세상을 향한 비뚤어진 시선으로 본인의 악행을 정당화하려는 것을 세상에 내보이고 있다. 기록의 힘이다. 눈부신 인생을 살고자 하는 그대여, 글쓰기로 인생 후반전 시작해 보자.

역사는 기록이다. 글쓰기로 내 인생을 역사로 만들자. 나의 기록으로 내가 이 세상에 존재했음을 알리고, 나의 이야기로 누군가에게 행복을 전할 수도 있다. 세상에 선한 영향력을 미칠 수 있다면 또 한 번의 의미 있는 삶이 아니겠는가!

5단계 :
자신의 브랜드로
도전하자

2016년 매거진〈B〉는 50번째 브랜드로 서울을 택했다. 서울의 패션, 서울의 라이프 스타일, 서울의 주거 문화 등이 〈B〉에 의해 스타일리시한 브랜드 요소로 소개되었다.

브랜드란 도대체 무엇인가? 브랜드란 단어는 '불에 달구어 지진다'는 의미의 노르웨이 고어 'brandr'에서 유래되었다. 당시에는 문맹률이 높았기 때문에 자신을 상징할 수 있는 그림이나 표시로 자기 소유물을 구별했던 것이다.

불에 달군 쇠붙이로 가축에 낙인을 찍어 소유물을 식별하던 일종의 표가 오늘날 브랜드로 발전한 것이다.

그럼 우리는 어떻게 자신을 브랜딩해야 할까? 사람은 누구나 여러 개의 정체성을 가지고 산다. 『트랜드 코리아 2020』에서 이를 '멀티 페르소나'라고 정의했다. 다층적으로 형성되는 자아를 '복수의 가면'이라는 개념으로 해석한 것이다.

우리에게는 상황에 따라, 역할에 따른 모습들이 있다. 엄마일 때, 아내일 때, 자식일 때, 동창회 모임에서 또는 사회 구성원으로서의 내 모습은 환경에 따라 변한다. 역할에 따른 여러 모습 중 진짜 나는 누구인가? 우리는 이렇게 다양한 '나'를 가지고 있다.

퍼스널 브랜딩은 나의 여러 모습 중 나에게서 한 발짝 떨어져서 '나다움'을 찾는 것이다. 자기를 객관화시키는 것이다.

'나만 알고 싶은 나'와 '보여주고 싶은 나'를 찾는 것이다. 타인에게 보여 주고 싶지 않은 모습은 드러내지 않아도 된다.

나의 진실된 여러 모습 중 타인에게 꺼내어 얼마든지 보여줄 수 있는 나를 선택하면 된다. 중요한 것은 스스로 인정할 수 있는 '진정한 나'이어야 한다.

퍼스널 브랜딩의 '나'는 고정관념으로 굳어져도 괜찮은 '나'이자 진정한 '나'를 찾는 과정이라 할 수 있다.

내가 살아온 삶이 브랜드가 된다. 나를 표현하고자 하는 이름이 브랜드명이 된다. 진정한 나를 찾아 브랜드의 삶을 선택할 것인지, 일상에 묻혀 안주하는 삶을 살 것인지 결정은 본인에게 달려있다.

무엇이 하고 싶은지 물어보자. 어떤 모습으로 기억되길 원하는가? 어떻게 불러지길 원하는가? 어떤 삶을 희망하는가? '왜'인가? 이런 질문의 답이 나의 브랜드가 된다. 나의 마지막 명함을 '누구의 엄마', '누구의 아내'로 끝내고 싶은가? 아니면 당당한 내이름으로 불리고 싶은가?

내가 그의 이름을 불러 주기 전에는 그는 다만 하나의 몸짓에 지나지 않았다. 내가 그의 이름을 불러 주었을 때 그는 나에게로 와서 꽃이 되었다. 김춘수 시인의 '꽃'은 진정한 브랜딩을 말하는 것 같다.

나의 이 빛깔과 향기에 알맞은 이름을 내가 찾아주자. 우리들은 모두 무엇이 되고 싶다. 나는 너에게 너는 나에게 잊히지 않는 하나의 눈짓이 되고 싶다. 잊히지 않는 의미 있는 '나'야말로 진정한 브랜드가 아니겠는가?

'보여 주고 싶은 나'와 다른 사람에게 '보이는 나'는 다르다. 다른 사람에게 어떻게 보이는지는 너무 신경쓰지 말자. 앞으로 나의 모습이 어떤 모습으로 성장할 것인지가 중요하다.

내가 어떤 무대에 올라 어떤 공연을 하고 싶은지 스스로 결정하는 데 의의가 있다. 내가 원하는 배역을 정해놓고 멋지게 공연할 미래를 만들어 가겠다는 것이다.

진짜 인생은 60부터다. 일만 시간의 법칙이 있다. 어떤 일을 일만 시간을 했을 때 그 일의 전문가가 된다는 법칙이다. 60년을 몸으로 살아낸 우리다. 여러 모습의 전문가가 내 안에 잠자고 있지 않겠나? '진정한 나'의 모습을 찾아내자.

보여주고 싶은 나, 앞으로 희망하는 나, 이제 잠자고 있는 거인을 깨우자. 내 안의 어떤 페르소나를 꺼내도 좋다.

나만의 무대 위 주인공으로 메소드 연기가 가능하니까. 나만의 브랜드니까. 취미생활 중 하나도 나의 브랜드가 될 수 있다. 책 쓰기로 브랜드를 만들 수 있다. 그 무엇이 되었든 진정한 나의 모습이면 된다. 나를 브랜딩하자.

사회적으로 성공하는 것만이 브랜딩하는 것이 아니다. 실패의 이력서도 나의 브랜딩이 될 수 있다. 스페인의 한 할머니는 성당의 작품이 손상되어 가는 것이 안타까워 작품에 덧칠을 하기 시작했는데 점점 성인의 모습은 사라지고 원숭이를 닮은 우스꽝스런 그림이 되고 말았다.

고의로 손상시킨 것이 아니라서 처벌, 보상 등의 책임은 면했지만, 마음이 불편한 할머니는 성당을 갈 수 없었다. 그런데 이게 웬일인가. 언론을 통해 이 일이 알려지자 수많은 관광객이 몰려와 해당 성당은 입장료 수입과 기부금까지 받게 되었다.

실패는 브랜딩의 강력한 키워드다. 요즘은 실패했다고 인정하는 이가 진정한 승자라고 생각한다. 실패하지 않으려고 하는 것이 과거의 성공이라면, 지금은 빨리 무엇이든 시도해 보고 실패하면 다시 해 보는 것이 성공이라 생각한다.

인생 후반전 긍정을 넘어 열정으로 눈부시게 도전해 보자. 오늘이 어제 같은, 변화와 성장 없는 삶은 멈춘 삶이다. 시시하게 살아도 되는 가치 없는 인생은 없다. 무엇이 두려운가? 인생의 산전수전을 다 겪고 진짜 인생을 아는 인생 후반전이다.

인생 참맛을 아는 그대들이여, 인생 열심히 살아온 우리에게 주어진 선물 같은 후반전을 만끽하자. 긍정과 열정의 브랜드로 '제2의 인생' 진짜 인생으로 도약하자.

인생 60은 결코 끝이 아니다!

권선복
도서출판 행복에너지 대표이사

시간의 흐름이 달라지는 시대가 왔습니다. 더 정확히 말하자면 시간의 흐름이 '달리 느껴지는' 시대입니다. 과거의 60대와 현재의 60대가 다릅니다. 평균수명이 연장됨에 따라 젊음과 청춘의 기준도 함께 늘어났고, 이제 더 이상 60대는 '인생의 내리막길'이 아닙니다. 이 책은 그러한 새로운 시각에 맞춰 60대의 '그녀들'에게 인생 전환을 외치는 격려를 담은 책입니다. 우리 세대 '어머니들'은 희생과 봉사의 표본이었습니다. 하고 싶은 것이 있어도 하지 않고, 먹고 싶은 것이 있으면 자녀들에게 주는 세대입니다. 그것이 당연하다고 여겨져 왔고, 의무이자 책임이었습니다.

하지만 이제 그러한 날들이 사라져가는 추세입니다. 이 책의 저자는 말합니다. "진짜 인생은 60부터"라고. 그 말의 의미가 무엇일까요? 책에 의하면 60대는 그동안 살아오면서 쌓은 지혜와 식견이 최고에 달하는 시기입니다. "인생에 대한 호기심과 흥미, 열정으로 다른 사람의 지도나 관여 없이 스스로 생각하려는 결단과 용기가 가장 충만한 때"이기도 합니다. 지혜롭게 나이 들어 가는 사람은 늙어도 아름답습니다. 초라하고 위축된 노년이 아니라 눈부신 조화와 현명함을 안고 있습니다. 이 책을 읽는 여러분이 그런 노년이 아닐 것 같다고 불안해하지 않아도 됩니다. 이미 마음속에 그 씨앗이 있는 것은 누구나 다 똑같을 것이기 때문입니다!

책은 꾸준히 '제2의 황금기'를 두 팔 벌려 맞이하라고 조언합니다. 두렵거나 미심쩍을 필요가 없다고 말합니다. 삶의 꽃이 활짝 피는 시기를 행복하게 꾸며 보라고 합니다. 저자는 묻습니다. "그저 오래만 살 것인가? 치열하게 살 것인가? 늘 새로움으로 변화할 것인가? 옛것에 안주할 것인가?" 스스로에게 한번 이 질문을 던지고 가만히 떠오르는 대답을 기다려 봅시다. 나이가 들었다고 해서 원하는 대로 살지 못하리란 법 없고, 그동안 몰랐다고 해서 새롭게 깨어나지 못할 법도 없습니다. 가장 중요한 건 역시 '나 자신'을 돌아보는 일일 것입니다. 가장 먼저 배워야 할 것도 '나'이고, 무엇이 필요한지 물어보는 것도 '나'로서 출발해야 합니다. 그동안 잊고 있었던 나, 무시하고 있었던 나, 평가절하하고 있었던 나…. 우리 안에는 수많은 '나'가 꿈틀대며 살아 움직이고 있습니다. 그저 자신을 불러줄 때를 기다리면서 말이지요. 60대 여러분의 마음속에도 그러한 나가 있다면, 이제 그 '나'를 해방시켜 줄 때가 오지 않았을까요?

본서를 통하여 많은 시니어 분들이 그동안 잊고 지냈던, 혹은 알지 못했던 새로운 경험을 향해 한 발짝 앞으로 나아가길 바라 봅니다. 두려워할 것 없습니다. 짱짱한 내공이 쌓인 지금, 무엇이 거치적거리겠습니까? 저자 님 말마따나 씩씩하게 시작해 봅시다. 새로운 인생의 터닝 포인트를 맞이하여, 죽는 그날까지 신명나게 살아봅시다! 꿈과 희망을 가득 안겨주는 책을 집필하신 저자님에게 감사의 인사를 전하며, 이제 그동안 열심히 살아온 우리에게도 고맙다고 말해 봅시다.

분명 우리의 60대는 새로운 시작으로 밝게 빛날 것입니다. 여러분 모두에게 행복한 에너지가 팡팡팡! 터져나오길 기원하며 차갑지만 따뜻한 겨울에 본서를 축복하며 세상에 내놓습니다. 여러분 모두 주인공입니다. 감사합니다. ⧗